W0233802

C.Bertelsmann

Stéphane Carlier

Clara
und die Poesie
des Lebens

Roman

Aus dem Französischen
von Lina Robertz

C.Bertelsmann

Die Originalausgabe erschien 2022
unter dem Titel *Clara lit Proust*
bei Gallimard, Paris.

Penguin Random House Verlagsgruppe FSC® N001967

1. Auflage
Copyright © der Originalausgabe Éditions Gallimard, Paris 2022
Copyright © der deutschsprachigen Ausgabe 2023
C. Bertelsmann in der Penguin Random House Verlagsgruppe GmbH,
Neumarkter Str. 28, 81673 München
Redaktion: Ulla Mothes
Grafiken: Daphne Patellis
Umschlaggestaltung: Sabine Kwauka
Umschlagabbildung: Daphne Patellis
Satz: Leingärtner, Nabburg
Druck und Bindung: Friedrich Pustet, Regensburg
Printed in Germany
ISBN 978-3-570-10542-9

www.cbertelsmann.de

Für meinen Bruder Raphaël,
ein Licht in der Nacht

»Worum es geht, ist, das Selbst zu befreien;
es seine Dimensionen finden,
es nicht einschränken zu lassen.«

Virginia Woolf

eins

Cindy Coiffure

Draußen auf dem Bürgersteig steht Madame Habib, trotz der Kälte hat sie nur eine dünne Bluse an, den Arm mit der Zigarette hat sie ausgestreckt, den anderen drückt sie gegen die Brust. Steif und schlotternd steht sie da und starrt auf das Schaufenster ihres Friseursalons, als würde sich darin sein Geheimnis spiegeln. Die weißen Buchstaben des Namens, das überdimensionale Poster von der Frau mit der Louise-Brooks-Frisur, die ihre Füße zu betrachten scheint, die Liste mit den Preisen auf der Glastür. Und in der anderen Ecke des Schaufensters ein nutzloser, einsamer Glücksbambus in einer durchsichtigen Vase, der noch keinen Zentimeter gewachsen ist.

»Es liegt am Namen. Cindy. Die Tochter des früheren Besitzers hieß so. 1982 war der Name vielleicht modern, aber heute können die Leute damit nichts mehr anfangen.«

Madame Habib schätzt das Standing von Cindy Coiffure völlig falsch ein. Vermutlich hat sie sich in ihren Träumen so oft ausgemalt, einen ebenso prestigeträchtigen Salon wie Dessange zu leiten, dass sie es mittlerweile wirklich glaubt, dabei ist ihr Laden nur ein winziger, lang gezogener Raum, der versteckt in einer Nische liegt, von der man sich fragt, wie sie überhaupt noch in die Gasse gepasst hat. Nur dank der treuen Stammkundinnen, die alle auf die siebzig zugehen, ist er noch nicht pleite. Der Name Cindy Coiffure passt perfekt.

»Bloß nichts mit *Haar*, wie *Haarmonie* oder so einen Quatsch. Wortspiele finde ich zum Kotzen!«

Clara hört das leise Knistern des Tabaks, als Madame Habib an ihrer Zigarette zieht.

»Ich hab da eine Idee, was halten Sie von ...«

Kunstpause.

»... Der Garten des Glücks.«

Mit Namen hatte Madame Habib es noch nie. Angefangen bei ihrem eigenen. Bis heute hat sie ihrem Mann nicht verziehen, dass er ihr einen derart missklingenden Nachnamen vermacht hat, obwohl ihr Mädchenname so schön war. »Man kann sagen, was man will, aber Jacqueline Delage, das klingt doch viel besser als Jacqueline Habib.«

»Was löst das bei Ihnen aus, Der *Garten des Glücks?* Woran denken Sie da?«

An ein Chinarestaurant, hätte Clara am liebsten gesagt, aber sie zuckt nur mit den Schultern. Eigentlich ist es auch egal. Wenn Madame Habib nicht gerade über den Namen des Salons klagen würde, dann eben über die Fassade, die dringend neu gestrichen werden müsste, oder darüber, dass sie endlich auch Maniküre anbieten sollten. »Im Nagelstudio in der Rue Thiers ist immer die Hölle los, ist Ihnen das auch schon aufgefallen?«

Clara weiß genau, was als Nächstes kommt. Madame Habib wird ein letztes Mal an ihrer Zigarette ziehen und den Rauch so weit wie möglich von sich wegpusten, während sie den Stummel mit dem linken Fuß austritt, dann etwas sagen wie »Noch bringt uns die Hitze jedenfalls nicht um« und wieder hineingehen. Im Raum hinter dem Laden wird sie sich die Hände waschen und eine Minzpastille in den Mund stecken. Dann wird sie nach vorn kommen, sich dabei im Spiegel betrachten, den Rock glatt streichen und hinter die Kasse treten. Die nächste Kundin wird hereinkommen und der Salon unter den gemurmelten Gesprächen, dem Getöse des Föhns und den endlosen Hits des Radiosenders Nostalgie zum Leben erwachen – und *Der Garten des Glücks*, Namen von Friseursalons mit *Haar*- und Vornamen aus den Achtzigern würden wieder in Vergessenheit geraten.

Lorraine ist meist die Erste. Kaum hat der Salon geöffnet, kommt sie schon mit zwei Tassen Espresso auf einem runden Tablett herein und lässt sich auf dem Barhocker an der Kasse nieder, um mit Madame Habib zu plaudern.

Ihr gehört die Bar-Tabac an der Ecke, dort, wo die Avenue de la Libération auf die Gasse trifft, in der Cindy Coiffure liegt. Wenn sie hereinkommt, hat sie bereits mehrere Stunden Arbeit hinter sich und eigentlich schon die Nase voll. Die Kunden gehen ihr auf die Nerven. Kerle, die um acht Uhr morgens ihren Calvados verlangen und Lorraine wie ihre Frau oder Schwester behandeln. Arme Typen, die ihr Sozialgeld für Cash- oder Banco-Rubbellose ausgeben, jeden Tag das Schaben der Münzen auf dem Papier. Und dann die elenden Raucher: »Ach, heute nehm ich mal ein Päckchen Dunhill, die hatte ich schon lang nicht mehr.« Jacqueline hört Lorraine reglos zu, von hinten könnte man meinen, sie schliefe im Stehen. In ihren Pausen stattet sie Lorraine auch manchmal einen Besuch ab, aber später am Tag und auch nicht so regelmäßig. Wenn sie zurückkommt, riecht sie nach Pflaume und summt vergnügt vor sich hin.

Lorraine sagt oft: »Wozu bin ich heute Morgen überhaupt aufgestanden?« Sie zählt die Tage bis zu ihrem Urlaub, und je näher er rückt, desto mehr verwandelt sie sich. Wenn sie kurz vor der Abfahrt für einen Schnitt und Farbe in den Salon kommt, ist sie eine andere Frau, ihre Zwillingsschwester könnte man meinen, sie wirkt erfüllt, verliebt … Verbrannt und etwas fülliger kehrt sie zurück, in ihren Haaren leuchten noch die Highlights. Ein wenig hält das Glück an, Lorraine spricht davon, sich beim Tai-Chi anzumelden, ihre Kamera wieder öfter hervorzuholen, »diesmal aber wirklich«. Wenn der Herbst dann offiziell Einzug hält und ihre Sommerbräune langsam verschwindet, spricht sie weniger von Tai-Chi und Fotografie, man hört wieder andere Wörter aus ihrem Mund. »Wozu bin ich heute Morgen überhaupt aufgestanden?«

Neun Uhr morgens im Friseursalon: Madame Habib sieht aus wie samstagabends vor dem Casinobesuch. Seidenbluse in Havannabraun, Armreife, die bei jeder Bewegung klimpern, und dann natürlich Shalimar. Jede Menge Shalimar. So viel Shalimar, dass der Laden mit der Zeit den Duft des Parfums angenommen hat, er gehört mittlerweile genauso dazu wie die weißen Fliesen mit Marmoroptik oder der Zweiklang der Ladenglocke am Eingang. Die dicke Schicht Schminke betont Madame Habibs müde Augen, sie scheinen regelrecht aus ihren Höhlen hervorzutreten. Ihre Stimme ist vom Rauchen gebrochen, heiser wie nach einem langen Tag, den man mit Warten zugebracht hat. Nicht nur vom Make-up, sondern auch von den ausgedehnten Sitzungen auf der Sonnenbank ist ihr Teint dunkel, für Madame Habib gibt es nichts Schöneres auf der Welt, als sich bräunen zu lassen. Bei gutem Wetter sieht man sie in der Mittagspause nicht selten auf der Place de la Libération, auf dem äußersten Rand einer Bank, wo noch kein Schatten ist. Sie verspeist ihren Reissalat und hält dabei das Gesicht in die Sonne.

Am Dienstagmorgen fragt Clara sich oft, was Madame Habib wohl die letzten zwei Tage gemacht hat. Über solche Dinge sprechen sie nicht, Intimität gehört nicht zu ihrer Beziehung. Nur aus Madame Habibs Gesprächen mit ihren Kundinnen konnte Clara sich im Lauf der Zeit ein Bild von ihrer Chefin machen.

Es gab wohl einmal einen Monsieur Habib, der Madame Habib den unliebsamen Nachnamen hinterlassen hat und auf diese oder jene Weise gegangen ist, ob er nun tot ist oder sich einfach aus dem Staub gemacht hat, das weiß Clara nicht, dieses Thema meiden sie von allen am gründlichsten. Madame Habib hat auch eine Tochter, sie ist Krankenschwester und lebt in der Nähe von Toulon, sie sehen sich vielleicht ein- oder zweimal im Jahr, die allerbesten Freundinnen scheinen sie also nicht zu sein. Und dann ist da natürlich noch Paris. O Paris! Früher hat Madame Habib dort gelebt, sie erzählt gern und oft davon. Es sind immer die gleichen Geschichten. Dass sie aus ihrem Küchenfenster die Kuppel des Panthéon sehen konnte, dass ein Schauspieler, dessen Namen Clara vergessen hat, auf dem Weg zum Theater Rosen auf Madame Habibs Türschwelle abgelegt hat, dass die Pariser alle intelligent und kultiviert sind und ihre Nasen dauernd in Bücher stecken. »Jeder Taugenichts in der Metro hat ein Buch in der Hand.« Vielleicht kommen die Falten, die Madame Habibs Mund wie Klammern einrahmen, daher: weil sie nicht mehr in der Stadt lebt, in der sie am glücklichsten war.

Das Wort »Taugenichts« gefällt Madame Habib. Genau wie der Ausdruck »die Pferde scheu machen«. »Ich will ja nicht die Pferde scheu machen, aber wir haben keine einzige Flasche Infinium mehr, ich weiß wirklich nicht, wie das passieren konnte.« Und anstelle von Nagelstudio benutzt sie den englischen Begriff *nail* salon, weil sie das schicker findet. »Die Freundin meiner Tochter hat in Hyères einen *nail* salon eröffnet, ein Riesenerfolg«, verkündet sie und beobachtet gespannt die Reaktion ihrer Gesprächspartnerin.

Und dann gibt es noch die Gerüchte um Madame Habib. Vor ein paar Jahren habe man sie durch ein Rapsfeld an der Ausfahrt nach Beaune laufen sehen, ihren Mayfair ein Stück weiter weg am Straßenrand geparkt. Es heißt, sie sei betrunken gewesen. Man erzählt sich auch, dass sie damals, als sie in der Region auftauchte, bevor sie den Friseursalon übernahm, mit einem Mann verkehrte, und zwar mit dem damaligen Bürgermeister von Dijon.

Madame Habib mag Männer, so viel steht fest. Man merkt es an der Art, wie sie die wenigen männlichen Kunden ansieht, die in den Laden kommen, wie sie mit ihnen spricht, egal ob schön, hässlich, jung, alt, in Arbeitshose oder Havaianas. Auch an der Art, wie sie JB anhimmelt, merkt man es. JB ist Claras Freund. Und das einzige persönliche Thema, über das Madame Habib mit ihrer Angestellten spricht. Oder vielmehr das einzige, über das sie nicht nicht sprechen kann. Das war schon immer so, seit JB Clara zum ersten Mal bei Cindy Coiffure abgeholt hat. Vor Erregung konnte Jacqueline kaum stillhalten, ihre Lippen zitterten. Es war offensichtlich, dass sie gern vorher

Bescheid gewusst hätte, um ihr Make-up aufzufrischen. So wie Madame Habib sich verhielt, hätte man meinen können, sie wäre genauso alt wie die beiden und vor Clara mit JB zusammen gewesen, es war vollkommen absurd, ein schlechtes Boulevardstück. JB warf Clara fragende Blicke zu, die wiederum ihre Chefin am liebsten beruhigt, ihr gern gesagt hätte, dass alles gut werden würde, dass es kein Wettbewerb war, kein Grund zur Panik.

Ein paar Tage später, als sie abends den Laden abschlossen, vertraute Madame Habib Clara an: »Wenn ich so einen Mann in meinem Leben hätte, wär mir der Salon völlig schnuppe. Ich würde gar nicht mehr arbeiten gehen, glaube ich, nur noch für ihn kochen und die Wohnung aufräumen. Ich würde alles tun, nur damit er bei mir bleibt.«

Bevor sie ans Telefon geht, zieht Madame Habib sich den Ohrring aus dem rechten Ohrläppchen. Dann sagt sie in einem Atemzug »Cindy Coiffure, Jacqueline, Bonjour«, blickt dabei zur Glastür, hinter der weit und breit niemand zu sehen ist, und wiegt den Ohrring in ihrer linken Hand wie eine Murmel.

Außer Clara hat Madame Habib noch eine andere Angestellte, Nolwenn. Nolwenns Gesicht fehlt es irgendwie an Konturen, und es zeigt nur selten eine Regung. Ob sie gerade erzählt, dass ihre Schwägerin eine Fehlgeburt hatte oder Clara zu ihrem Geburtstag ein kleines Geschenk überreicht – ihr Gesicht bleibt ausdruckslos. Nur wenn Nolwenn auf ihrem Handy Tiervideos anguckt, erwacht ihr Gesicht zum Leben. Ein breites Lächeln spaltet ihren Mund, wenn sie sieht, wie ein Schimpanse mit einem Ferkel an der Leine spazieren geht oder ein junger Golden Retriever sich abmüht, die unterste Treppenstufe zu erklimmen. Lange hat sie diese Videos mit Clara geteilt, aber irgendwann damit aufgehört, vermutlich weil Clara nicht die nötige Begeisterung gezeigt hat. Jetzt hört man Nolwenn in den Pausen nicht selten ganz allein im Hinterhof des Salons vor sich hin glucksen.

Sie sagt Dinge wie »Das hatte ich schon gemacht gehabt« – ohne dass darauf eine weitere Handlung folgt, die die Vorvergangenheit erforderlich gemacht hätte, »Ich glaub, mein Schwein pfeift« – wenn eine Kundin eine ausgefallene Frisur möchte zum Beispiel, oder auch »Naturkrause«. Letzteres hat sie neulich irgendwo aufgeschnappt und sagt es seitdem bei jeder Gelegenheit. Manchmal kriegt sie sogar zwei von diesen Ausdrücken in ein und demselben Satz unter: »Ich glaub, mein Schwein pfeift, Madame Rinaldi will, dass ich ihr die Haare glätte, bei der Naturkrause ...«

Zwischen Nolwenn und Madame Habib war es nicht immer leicht. Am Anfang kamen sie überhaupt nicht miteinander zurecht. »Sie hat einfach nicht den richtigen Blick«, sagte Madame Habib, wenn sie Nolwenn bei der Arbeit beobachtete, und ging dann schnell eine rauchen, um ihre Nerven zu beruhigen, oder nahm Nolwenn kurzerhand die Schere ab, um selber weiterzumachen. Nolwenns Schwerfälligkeit war Jacqueline ein Dorn im Auge. »Jetzt reißen Sie sich aber mal zusammen, Nolwenn, Sie sehen ja aus wie eine Kuh, die einem TGV hinterherguckt!« Dass Nolwenn gehen würde, schien nur eine Frage der Zeit. Aber sie ist stark, Nolwenn, stärker als man auf den ersten Blick meinen könnte. Ohne sich zu beklagen, hat sie Madame Habibs Kommentare über sich ergehen lassen, sich wieder an die Arbeit gemacht, die Haarsträhne noch einmal neu aufgewickelt, den Namen eines Produktes und die Gebrauchsanweisung wiederholt, um sie sich einzuprägen. Ihre stumme Entschlossenheit muss wohl Eindruck auf Madame Habib gemacht haben, jedenfalls hat sie Nolwenn wider Erwarten behalten. Und Nolwenn hat sich gebessert. Zugegeben, sie lässt sich noch immer in jeder freien Minute auf einen Stuhl fallen und bleibt keine Sekunde länger als nötig im Salon (um Punkt sieben stürmt sie jedes Mal zur Tür hinaus), aber sie macht keine groben Fehler mehr und hält sich beim Gähnen die Hand vor den Mund. Madame Habib hat noch immer ein wachsames Auge auf sie, und gelegentlich schimpft sie auch. »Also wirklich, ein bisschen Eleganz, das ist doch nicht zu viel verlangt!« Aber der Tonfall ist nicht mehr derselbe. Nolwenn hat ihren Platz bei Cindy Coiffure gefunden, vielleicht ist sie dort heute mehr zu Hause als Clara oder Madame Habib. Als ob sich zwischen dem bescheidenen Ort und der ebenso schlichten jungen Frau eine Art Symbiose entwickelt hätte.

Einmal ist sie nach dem Urlaub mit Korkenzieher-locken zurückgekommen. Also, Nolwenn. Diese Frisur steht niemandem und ihr schon gar nicht. Die kurzen Locken wippten bei jeder Bewegung und setzten ihr grobes Gesicht gekonnt in Szene – eine katastrophale Wirkung. Die Kundinnen sahen ihr mit offenen Mündern hinterher und blickten Madame Habib fragend an – Eine verlorene Wette? Eine Kostümparty? Jacqueline hat die Locken mit keinem Wort erwähnt. Aber Nolwenn muss der Tag trotzdem lang vorgekommen sein, jedenfalls kam sie danach wieder ohne Locken in den Salon.

Und dann gibt es natürlich noch Patrick. Patrick arbeitet nur samstags und an den Feiertagen – an Ostern, Allerheiligen und Weihnachten ist er dafür jeden Tag im Salon. Er ist ein bisschen der Luxusartikel von Cindy Coiffure. Madame Habib wird nicht müde zu betonen, wie talentiert Patrick ist. »Der wird irgendwann seinen eigenen Salon in Dijon oder sogar in Lyon haben, jede Wette.«

Patrick ist stämmig und seine äußere Erscheinung nicht immer einwandfrei. Das Leben scheint es ihm nicht gerade leicht zu machen, er lebt getrennt von der Mutter seines Sohnes, den er längst nicht so oft sieht, wie er gern würde. Er rechnet dauernd irgendetwas aus – den Preis für einen Haarschnitt, die Höhe des Trinkgeldes, die Anzahl der Stunden, die er schon gearbeitet hat – und hat seine Emotionen nicht immer im Griff. Einmal hat er eine Kundin, Madame Garcin, »alte Schnepfe« genannt. Madame Habib hat ihn gezwungen, sich zu entschuldigen, was er dann auch getan hat, aber obwohl Madame Garcin behauptet hat, sie sei nicht nachtragend, ist sie seitdem nicht mehr in den Salon gekommen.

Clara findet, dass Patrick sich ruhig ein bisschen mehr Mühe geben könnte. Madame Habib findet das wahrscheinlich auch, aber sie sagt nichts. Selbst dann nicht, wenn er zu spät kommt, mit abgekauten Fingernägeln und in einem seiner schwarzen T-Shirts, das ihm aus der Hose hängt. Dafür hat sie viel zu viel Angst, ihn zu verlieren. Wenn Patrick arbeitet, ist Jacqueline anders als sonst. Sie ist angespannt, sagt weniger und beobachtet ihn heimlich aus den Augenwinkeln, in der Hoffnung, dass alles gut geht. Sie weiß, dass sie ihm das – wenn auch bescheidene – Ansehen ihres Salons zu verdanken hat. Ein paar Kundinnen kommen extra aus Lons, um sich von ihm die Haare schneiden zu lassen. Clara ist auch gut, die Kundinnen schätzen sie, aber für einen Termin bei ihr würden sie sich nicht anderthalb Stunden ins Auto setzen.

Jedenfalls glaubt Clara, dass Patrick sie gern mag. Er lässt sie spüren, dass sie eine der wenigen Frauen bei Cindy Coiffure ist, die ihn nicht nervt. Einmal hat er ihr auf seinem Handy Zeichnungen gezeigt, ein bisschen wie aus einem Manga, schwarz-weiß, düster und erotisch. Clara war verblüfft gewesen, hatte er das gezeichnet? Patrick wollte auch einen Rage-Against-the-Machine-Fan aus ihr machen, die größte Heavy-Metal-Band aller Zeiten, wenn man ihn fragt, aber Claras Ding war es nicht.

An einem besonders vollen Samstag, an dem die Kundinnen sich die Klinke in die Hand gaben, hat er mal zu Clara gesagt, er würde »ganz sicher nicht in diesem Loch verrecken«. Zwischen zwei Terminen, bei einer selbst gedrehten Zigarette im Hinterhof des Salons. Das war im Sommer gewesen, die Klimaanlage hatte nicht funktioniert, und drinnen war man fast erstickt. »Und du auch nicht«, hatte er hinzugefügt. Clara hätte gern gefragt, was er damit meinte, aber da hat er seine Zigarette an der Wand ausgedrückt und ist wieder hineingegangen.

Madame Habib verehrt Jacques Chirac. Wenn man sie fragt, ist Frankreich nie besser dran gewesen als mit ihm als Präsidenten, und erst danach ist alles den Bach runtergegangen. Mit einer Reißzwecke hat sie ein Bild von ihm an die Wand neben der Kasse gepinnt, ein kleines Schwarz-Weiß-Foto, das sie aus einer Zeitschrift ausgeschnitten hat und auf dem man den ehemaligen Staatschef kaum wiedererkennt, er sieht aus wie ein Schauspieler aus Hollywoods goldenem Zeitalter. Und wenn ihn doch eine der Kundinnen erkennt, sagt Jacqueline: »Mit seinem Aussehen, also, ich bitte Sie …« Was wohl so viel heißen soll wie: Wer so gut aussieht, kann ja nur Großes vollbringen.

Alle lieben JB. Claras Kundinnen, ihre Freundinnen, ihre Schwester. Sogar ihre Eltern scheinen ihre Zuneigung ausdrücken zu wollen, dabei redet Clara mit denen sonst nie über Gefühle. »Du hattest schon als Kind immer Glück« – ihre Mutter. »Falls es am Geld liegt, dass ihr nicht heiratet, da können wir euch auf jeden Fall unter die Arme greifen« – ihr Vater.

Und tatsächlich ist JB der perfekte Schwiegersohn. Er sieht aus wie Flynn Rider aus dem Disney-Film *Rapunzel – Neu verföhnt*. Die gleichen dunkelbraunen Haarsträhnen, die ihm lässig in die Stirn fallen, die Statur eines Footballspielers und ein ausgeprägter Sinn für Streiche, Rasierschaum auf der Nasenspitze zum Beispiel oder Post-its auf dem Rücken. Weder die Zeit noch die verschiedenen Prüfungen des Lebens haben die geringste Spur auf seiner Haut hinterlassen, was er beinahe täglich zu hören bekommt. Er hat den Beruf, von dem alle kleinen Jungs träumen, Feuerwehrmann, und hält regelmäßig Vorträge in Schulen über seine Arbeit. Er ist gut in fast jeder Sportart, vor allem in Fußball, Volleyball und Motocross, aber auch im Tennis stellt er sich nicht blöd an. Er ist aufmerksam und zuvorkommend, vergisst nie, Clara am 11. August Blumen zu schenken und zu ihrem Geburtstag eine kleine Überraschungsparty zu planen.

So sehen jedenfalls die anderen JB. Und auch Clara hat ihn am Anfang ihrer Beziehung so gesehen. Heute, fast drei Jahre nach ihrem ersten Date, sieht sie vor allem einen Mann mit Schwächen. Einen Mann, der morgens manchmal mit seiner Schale Chocapics vor dem Fenster steht und traurig hinausstarrt. Der am Abend vor einem freien Tag ein bisschen zu viel trinkt, kaum noch Kontakt zu seinem Vater hat, sich im Schlaf regelmäßig prügelt und dabei wüste Beleidigungen ausstößt. Einen Mann, den sie nicht mehr begehrt.

Das ist also die Wolke, die sich hartnäckig hält und einen Schatten auf ihr Leben wirft: Ihr Flynn Rider, bei dessen Erwähnung sie früher schon ein Prickeln am ganzen Körper bis hinunter in den kleinen Zeh verspürte, macht ihr heute ungefähr genauso viel Lust wie eine Wurstplatte nach einer Weihnachtsgans. Sie betrachtet seinen Mundwinkel, der sich von Natur aus nach oben zieht, das Hellbraun seiner Augen, seine geschmeidigen Haare und fühlt nichts. »Nada, niente, nix«, wie Madame Habib sagen würde.

Sie sitzt im Bus, auf dem Weg zur Arbeit, und denkt über all das nach. Früher, zu Beginn ihrer Beziehung, haben sie diesen Moment des Tages genutzt, um sich zu schreiben. Sie hatten sich gerade erst voneinander verabschiedet, die Nacht zusammen verbracht, waren noch ganz erfüllt von der Liebe des anderen und trotzdem schon wieder voller

Sehnsucht. Also riefen sie sich an, einfach nur so, nicht, um über etwas Bestimmtes zu sprechen. Clara drehte den Kopf zum Fenster und lauschte, wie JB ihr mit verschlafener Stimme von einem Traum erzählte oder die Stellen auflistete, an denen er sie gern küssen würde. Und weil sie einfach nicht genug voneinander bekommen konnten, schickten sie sich Nachrichten oder Fotos von diesen Stellen. Clara zum Beispiel mochte den flachen Teil seiner Brust, direkt unter dem Hals, sie mochte es, die Hand dorthin zu legen und die seidig-weiche Haut unter den kurzen Haaren zu spüren. Also machte JB vor dem Duschen ein Foto von dieser Stelle und schickte es ihr als Aufmunterung. Es funktionierte: Zu wissen, dass sie ein Bild vom Sternum ihres Freundes auf dem Handy hatte, half ihr durch den Tag.

Heute versteht sie die Clara von damals nicht mehr. Wenn sie daran denkt, hört sie sich selbst in einer anderen Sprache sprechen, die sie nicht mehr beherrscht. Im Bus schreibt sie jetzt stattdessen ihrer Mutter oder chattet mit ihrer Schwester, scrollt ein bisschen durch Instagram, macht die App aber kurz darauf wieder zu. Sie dreht noch immer den Kopf zum Fenster, aber jetzt wundert sie sich darüber, wie schnell das Verlangen verschwunden ist, dass sich die physischen Interaktionen zwischen JB und ihr mittlerweile auf Küsse beschränken (manchmal auf den Mund, immer öfter auf die Stirn). Bald werden sie sein wie Geschwister. Dann ist sie auch schon an der Place de la Libération und steigt aus.

Clara versteht nicht, was die Leute an Katzen so faszieniert. Ihre hat jedenfalls nichts Faszinierendes. Eine weiße Fellkugel, die davonhuscht, sobald sich eine streichelnde Hand nähert, und die nach elf Monaten des Zusammenlebens immer noch faucht, wenn sie ihren Menschen auf dem Flur begegnet. Abgesehen davon ist sie verfressen (sie ist eindeutig zu dick), faul und unglücklich – soweit Clara das beurteilen kann. Ihre einzige positive Eigenschaft, die Tatsache, dass sie hübsch aussieht, bringt nicht viel, weil sie außer JB und Clara niemand zu Gesicht bekommt. Sobald ein Fremder die Wohnung betritt, flüchtet die Katze sich in eines ihrer zahlreichen Verstecke und taucht erst am nächsten oder übernächsten Tag wieder auf. »Sie hat eben ihren eigenen Kopf«, sagt JB, um die Katze in Schutz zu nehmen, was Clara furchtbar auf die Nerven geht. Die Katze verhält sich nicht deshalb so komisch, weil sie »ihren eigenen Kopf hat«, sondern weil sie früher mit ziemlicher Sicherheit misshandelt wurde oder aus einem Fenster im dritten Stock gefallen ist, vielleicht auch beides, jedenfalls haben irgendwelche traumatischen Erfahrungen eine tieftraurige und gleichzeitig höchst unsympathische Katze aus ihr gemacht.

N a los, diesmal klappt es aber.«

Madame Habibs aufmunternde Worte kurz vor Nolwenns Fahrprüfung. Sie legt ihrer Angestellten die Hände auf die Schultern, befiehlt ihr, gerade zu stehen, zu lächeln und an sich zu glauben. Wie eine Boxtrainerin und ihr Champion. Dazu muss man sagen, dass es Nolwenns fünfter Versuch ist, und wenn sie es heute nicht schafft, muss sie sich »alles noch mal reinziehen«, also auch die theoretische Prüfung wiederholen. Das letzte Mal hatte Nolwenn Pech mit der Prüferin, die hat nämlich behauptet, die Kondensstreifen von Flugzeugen am Himmel seien in Wahrheit das Kommunikationsmittel einer internationalen satanische Elite (oder so ähnlich). Der Prüfer davor hatte zwar alle Tassen im Schrank, dafür hatte Nolwenn ihren Personalausweis vergessen.

Schwieriger Morgen bei Cindy Coiffure, jede Stunde scheint eine Belastungsprobe. Draußen herrscht schottisches Wetter: Regen, Wind, Dunkelheit. Drinnen ist es kaum besser. Nolwenn ist schon wieder durch die Fahrprüfung gefallen (sie hat beim Einparken einen Müllcontainer gerammt), und aus irgendeinem Grund funktioniert die Innenbeleuchtung der Glasvitrine nicht mehr, dabei haben sie die erst seit einem Monat. Madame Habib liebt dieses Möbelstück heiß und innig, sie hat es im Katalog bestellt, und ihrer Meinung nach hebt es das Standing des Salons bedeutend. Am Tag der Lieferung war sie genauso aufgeregt wie ein Kind am Heiligabend. Als der Installateur die kleinen Lichter im Innern der Vitrine angeknipst hat, hat sie applaudiert und eine Woche lang jede Kundin, die in den Laden kam, gefragt: »Fällt Ihnen denn gar nichts auf?« Heute Morgen jedoch macht sie sich nicht einmal die Mühe, das Wechselgeld herauszugeben. Keinen Mucks hört man von ihr, außer als sie gegen zehn Uhr aus dem Raum hinter dem Laden kommt und mit einem Seufzer *J'ai encore rêvé d'elle* ausschaltet: »Am schönsten ist es, wenn es endlich aufhört!«

Raymondes Geschichte

Um halb sieben bin ich aus dem Haus gegangen, um zu meiner Schwester zu fahren. Ich steh am Busbahnhof, warte und warte, aber der Bus kommt einfach nicht. Das heißt, der Bus ist schon da, er steht direkt vor mir, aber man kann nicht einsteigen, weil kein Fahrer drin ist. Und weil der Bahnhof um diese Zeit schon zu hat, muss ich warten, bis ich einen anderen Fahrer finde, um ihn zu fragen, was hier eigentlich los ist. »Dédé hatte auf dem Weg zur Arbeit einen Anfall«, erzählt der mir, darum fährt der Nachtbus heute nicht. Armer Dédé, denk ich noch, geh ich halt morgen zu meiner Schwester. Ich also wieder nach Hause. Daheim ruf ich meine Schwester an und mach mir schnell was zu Essen. Réné wollte den Abend auf dem Bouleplatz verbringen. Wenn ich zu Geneviève fahr, geht er immer Boule spielen. Ich esse also eine Kleinigkeit, entstiel die Bohnen, nehm die Wäsche ab. Danach brauch ich eine Pause, wegen meiner Beine. Ich leg mich also hin und bin auch gleich weg. Irgendwann fängt dann das Bett an zu schaukeln wie eine alte Nussschale, und ich hör so ein Wimmern. Komischer Traum, denk ich.

Nur dass ich eben nicht träume. Ich mach das Licht an, und was seh ich da? Eine fremde Frau in meinem Bett. Eine Frau, die es mit meinem Réné treibt. Sie auf allen vieren, den Arsch in der Luft, und er macht sich hinter ihr zu schaffen – tut mir leid, Jacqueline, aber ich erzähl's genau so, wie es war. Keine Ahnung, wo dieses Weibsbild auf einmal herkommt, sie sieht irgendwie chinesisch aus und hat viel zu viel Lippenstift drauf. Als sie mich sieht, fängt sie an zu schreien wie eine angestochene Sau, sie springt vom Bett und versucht, sich beim Rausgehen den Schlüpfer anzuziehen. Nur dass das nicht klappt und sie der Länge nach auf die Nase fällt. Und weißt du, was Réné da macht? Fragt sie, ob alles in Ordnung ist. Aber sie antwortet ihm nicht, steht bloß auf und hüpft auf einem Bein nach draußen, sie versucht immer noch, ihre Unterhose anzuziehen. »Was soll das alles?«, frag ich Réné, der sich jetzt auch daranmacht, sich anzuziehen. Und was antwortet er mir? Fragt mich, warum ich nicht bei Geneviève bin. Mehr fällt ihm nicht ein. Das ist doch echt die Höhe … Die haben wohl gedacht, sie wären allein zu Haus. Und im Dunkeln haben sie mich natürlich nicht gesehen. Réné hat mir dann irgendwelche Ausreden aufgetischt, aber ich wollte nichts von alldem hören, ich hab ihn kurzerhand rausgeschmissen. »Geh doch zu deiner Chinesin«, hab ich gesagt. Ich konnte ihm nicht in die Augen gucken. Und er hat's auch nicht versucht. Ich hab seine Sachen auf die Treppe gestellt, und er hat sie nach und nach rausgetragen. Kein Wort hat er gesagt, stand wahrscheinlich auch unter Schock, das war bestimmt eine schöne Überraschung, als sie plötzlich gemerkt haben, dass sie nicht allein im Bett waren ... Jedenfalls konnte ich danach nicht zurück ins Schlafzimmer, stattdessen hab ich in Francines Zimmer übernachtet. Das heißt, geschlafen hab ich nicht viel. Ich konnte einfach nicht aufhören, an das zu denken, was ich grad gesehen hatte, ich hab mich gefragt, wo Réné wohl die Nacht verbringt, vor allem weil es ja geregnet hat. Ich hab mir gedacht, dass er vielleicht zu seiner Mutter fährt, aber ich hab weder das Auto noch die Garagentür gehört. Und heute Morgen hab ich dann gesehen, dass die Tür vom Schuppen hinten im Garten einen Spalt offen stand. Da hat er wohl geschlafen.

Seit ein paar Tagen klagt Lorraine über schreckliche Schwindelanfälle.

»Wie in einem Aufzug im freien Fall«, sagt sie. »So was Schreckliches hab ich noch nie erlebt. Ich wünsche mir jedes Mal, ich wäre tot.«

Madame Habib starrt sie an und lauscht, einerseits weil es sie interessiert, andererseits weil sie wie immer kein Auge zugetan hat und die Müdigkeit sie oft kurz nach Ladenöffnung übermannt – und zwar mit solcher Wucht, dass es ihr nur gelingt, wach zu bleiben und ihrer Freundin zuzuhören, indem sie mit dem Fuß auf den Boden klopft.

»Grauenhaft«, kommentiert Madame Habib. Und weil Lorraine nichts sagt, weil zu langes Schweigen selten etwas Gutes ist und weil es ihr nun mal gerade durch den Kopf geht, sagt Jacqueline: »Die Leute mögen kein Rosa, das finde ich ungerecht. Altrosa ist doch wunderschön. Im Schlafzimmer zum Beispiel.«

Eine Zeit lang kam er jeden Tag in den Salon. Ein kleiner Mann mit weißen Haaren und beigefarbenem Mantel. Er begrüßte Madame Habib mit Küsschen auf beide Wangen, nickte Nolwenn und Clara zu und setzte sich dann auf einen der Stühle, wenn man reinkommt rechts. Gedankenverloren verfolgte er das Treiben bei Cindy Coiffure. Manchmal griff er nach einer Zeitschrift, blätterte ein bisschen darin herum und legte sie dann wieder weg. Sein Name stand nicht im Terminbuch, er wollte keinen Haarschnitt, aber was wollte er dann? Weil Madame Habib in seiner Gegenwart jedes Mal nervös wurde, traute Clara sich nicht nachzufragen. Irgendwann, wenn sie den Mann schon fast vergessen hatten, schlüpfte er leise wieder zur Tür hinaus.

Drei oder vier Mal ging das so. Und dann, eines Tages, als sie ihn durch das Fenster wieder auf den Friseursalon zukommen sahen, trat Madame Habib hinaus auf die Straße und ging ihm entgegen.

»Wirklich, jetzt reicht es aber, Roger!«

Roger machte auf dem Absatz kehrt, und sie haben ihn nie wieder gesehen.

Es ist Samstag, und Patrick ist nicht da. Madame Gobineau, sein erster Termin, wartet seit einer halben Stunde, sie ist genauso verstört, als hätte man ihr soeben mitgeteilt, an welchem Tag die Welt untergeht. Ganz offensichtlich reichen selbst die dreißig Minuten Nonstop-Musik von Nostalgie nicht mehr aus, um sie zu beruhigen.

Als sein zweiter Termin, Madame Berrada, hereinkommt, fängt es an zu donnern, draußen ist es so dunkel wie sonst um sechs Uhr abends zu dieser Jahreszeit, und Patrick ist noch immer nicht aufgetaucht. Madame Habib beschließt, ihn anzurufen, aber sie erreicht nur die Mailbox, also hinterlässt sie eine Nachricht, die niemand versteht, weil Nolwenn in diesem Augenblick den Föhn anschaltet. Jacqueline legt auf, wirft einen besorgten Blick zu dem Stück lilafarbenen Himmel, das man vom Salon aus sehen kann, und schlägt vor, Madame Gobineau selbst die Haare zu schneiden. Die allerdings lehnt dankend ab und sagt, sie müsse jetzt los, um die Kalbsleber abzuholen, die sie beim Metzger auf dem Markt bestellt habe. Und auch wenn es ihr offensichtlich unangenehm ist, mit ungemachten Haaren zu gehen, beschwert sie sich lieber nicht, überzeugt davon, dass ihrem Lieblingsfriseur etwas zugestoßen ist.

Als Patrick endlich auftaucht, ist es schon fast elf Uhr. Angeblich hatte er seit gestern seinen Sohn, und seine Ex hat ihn gerade erst abgeholt. »Also entweder zu spät, oder ich hätte den Kleinen mitgebracht ...«

Clara nimmt ihm das nicht so richtig ab. Er hat seinen Sohn sonst immer nur sonntags, niemals am Freitag. Außerdem riecht er nach kaltem Rauch, Red Bull und trägt allem Anschein nach noch die Klamotten von gestern. Sie ist sich ziemlich sicher, dass er direkt vom Hangar kommt, einem Club in Chenôve, von dem er schon öfter erzählt hat und in dem er die Nacht verbracht haben muss.

Schnurstracks und mit dem für durchwachte Nächte typischen Übermaß an Energie macht Patrick sich an die Arbeit. Madame Habib sieht zu, wie er auf Madame Berradas Kopf wahre Wunder vollbringt, die sich nicht am lädierten Zustand ihres Friseurs zu stören scheint und ihm in allen Einzelheiten das Menü für die bevorstehende Hochzeit ihrer Tochter beschreibt. Patrick hat wirklich unverschämtes Glück. Der Form halber wird seine Chefin zwar etwas sagen, aber ihre Rüge wird so harmlos ausfallen, dass sie fast als Kompliment durchgehen könnte.

Weil Samstag ist und sie spät dran sind, nimmt Madame Habib ihre Armreifen ab, schiebt die Ärmel ihrer kamelhaarfarbenen Bluse hoch und dreht Madame Rousseau ausnahmsweise höchstpersönlich die Lockenwickler ein. Die Erleichterung darüber, dass sie gerade noch einmal der Katastrophe entgangen sind, dass ihrem Angestellten nichts passiert ist und die Dinge endlich wieder ihren normalen Gang gehen, macht Madame Habib redselig. Sie erzählt Madame Rousseau, dass sie früher in Paris immer in einen Club ging, in dem man lauter »Stars und Sternchen« traf. Einmal habe sie dort mit einem gewissen Jacques Chazot getanzt, der ihr den ganzen Abend Komplimente gemacht und ihr ins Ohr geflüstert habe: »Paris liegt Ihnen zu Füßen« …

Beim Erzählen hat Jacqueline mit dem Lockenwickler in der Hand innegehalten. Erst als die letzten Worte verklungen sind, erwacht sie wieder zum Leben. »Ach ja, besser die Erinnerungskiste bleibt zu.«

Mittwoch, 14. August. Im Terminbuch steht kein einziger Name. Ab morgen ist der Salon für zwei Wochen geschlossen. Clara hat Candy Crush gespielt, bis sie keine Lust mehr hatte, und macht jetzt einen Psychotest in einer alten *Elle: Wie Sie Ihr Verführungspotenzial steigern.* Abgesehen davon, dass sie sich noch nie im Leben Gedanken über ihr Verführungspotenzial gemacht hat und auch nicht unbedingt vorhat, es zu steigern, ist diese Beschäftigung auch deshalb völlig sinnlos, weil die Seite mit den Ergebnissen fehlt, vermutlich hat eine Kundin sie herausgerissen, um sie später in Ruhe zu Hause zu lesen.

Zwei Schwalben huschen lautstark zwitschernd am Schaufenster vorbei. Nolwenn und Patrick sind im Urlaub. Madame Habib ist Zigaretten kaufen gegangen. Das einzig halbwegs Konstruktive, was sie und Clara heute Morgen gemacht haben, war, nach einem geeigneten Platz für Patricks Postkarte zu suchen, die gestern angekommen ist. Schließlich hat die Karte vom Festival des Vieilles Charrues, die zur Hälfte auf Bretonisch geschrieben ist, ihren Platz auf dem Ladentisch gefunden, sie lehnt an der Wand, unter dem Foto von Jacques Chirac. Lange wird sie da allerdings nicht bleiben. In ein paar Wochen wird sie in der Schublade mit dem Kleingeld, den Bon-Rollen und den gesammelten Visitenkarten irgendwelcher Vertreter landen, bevor sie irgendwann unbemerkt verschwinden wird.

Madame Habib kommt zurück, sie summt *Le Sud*, weil das vorhin bei Nostalgie lief. Der Schweiß zeichnet braune Ringe auf ihre beigefarbene Bluse. Sie steckt die Zigaretten in ihr silbernes Etui und verschwindet dann im Raum hinter dem Laden. Clara hört, wie sie sich die Zähne putzt. Dann tritt Stille ein, die nach und nach von einem dezenten Schnarchen gefüllt wird. Irgendwann hört das Schnarchen auf, kurz darauf kommt Jacqueline wieder nach vorn und gesellt sich zu Clara, die sich hinter die Kasse in den Luftzug der Klimaanlage gesetzt hat. Kurz beobachtet Jacqueline, wie Clara mit dem Finger Fotos über den Handybildschirm gleiten lässt, dann sagt sie: »Gehen Sie ruhig, wenn Sie möchten. Ich glaube, für heute ist die Messe gelesen.«

In letzter Zeit fühlt Clara sich beim sonntäglichen Mittagessen bei ihren Eltern irgendwie komisch. Sie empfindet etwas zwischen Angst und Zärtlichkeit, eine Art verdünnte Angst, sehr merkwürdig. Vielleicht liegt es am Zeitpunkt. Sonntag. Sonntagmittag. Die Zeit scheint sich in die Länge zu ziehen, als würde sich die Erde am Sonntag zwischen elf Uhr dreißig und sechzehn Uhr absichtlich langsamer drehen. Das weiße Licht, das durch die Gardinen an den Wohnzimmerfenstern fällt, die Schnüre, mit denen die Vorhänge zusammengehalten werden und von denen kleine Quasten baumeln, das Hühnchen mit grünen Bohnen, das ihre Mutter zubereitet hat und dessen Duft sich im ganzen Haus ausbreitet und sich mit dem nach frischer Wäsche und Möbelpolitur mischt. All das berührt sie auf einmal – es macht sie gleichzeitig traurig und froh –, dabei kennt sie dieses Haus schon ihr ganzes Leben lang, schließlich ist sie hier aufgewachsen.

Am schlimmsten sind die Spaziergänge nach dem Mittagessen auf den geraden Wegen entlang der Felder um das Dorf ihrer Eltern. Das Licht ist dort immer zu grell. Clara läuft vor ihren Eltern her, die sich mit JB unterhalten und deshalb nur langsam vorankommen. Manchmal bleiben sie sogar stehen. Diese Pausen gehen ihr genauso auf die Nerven wie die Zuneigung ihrer Eltern für JB, die Claras Freund nur zu gern endlich richtig in die Familie aufnehmen würden. Die zufriedenen Blicke ihrer Mutter, die blöden Fragen ihres Vaters – »Gibt's das, Feuerwehrmänner, die rauchen?« – und JB, der sich zwischen den beiden pudelwohl zu fühlen scheint. Er hat schon oft zu Clara gesagt: »Du hast echt Glück mit deinen Eltern. Meine sind ganz anders.«

Nachdem sie lange darüber nachgedacht hat, versteht sie schließlich, was das komische Gefühl bedeutet. Oder zumindest hat sie eine Vermutung. Sie kommt ihr an einem Sonntagabend auf dem Rückweg von ihren Eltern in den Sinn, während am Horizont der Himmel aufreißt und die Landschaft des Saône-et-Loire in goldenes Licht taucht. Es sind die Fragen, die dieses Unbehagen in ihr auslösen. *Ist das schon alles gewesen? Werde ich niemals glücklicher sein als jetzt?*

Besuch von Audrey, einer ehemaligen Angestellten von Madame Habib. Sie hat ihr Baby dabei, das erst letzte Woche zur Welt gekommen ist. Malo, bei der Geburt drei Kilo und zweihundert Gramm schwer. »Ein kleiner Löwe, genau wie sein Papa. Er ist so schnell durchgeflutscht, ich hab ihn überhaupt nicht gespürt, ganz anders als Elliot.« Malo ist nämlich bereits Audreys zweites Kind, seit sie nicht mehr bei Cindy Coiffure arbeitet. Clara schwebt im siebten Himmel, mit dem Zeigefinger streichelt sie den Bauch des kleinen Wonneproppens. Nolwenn, die erst bei Madame Habib angefangen hat, als Audrey schon weg war, ist weniger überschwänglich. Und was Jacqueline selbst betrifft: Sie hat ihre Ex-Angestellte zwar in guter Erinnerung behalten, aber mit Kindern, vor allem mit Neugeborenen, hat sie so ihre Probleme. Die Tür hat sich kaum hinter Audrey und dem Kinderwagen geschlossen, da murmelt Madame Habib: »Eigentlich sind sie in dem Alter doch nichts als Röhren: Was oben reingeht, kommt unten wieder raus.«

He, Sie tun mir ja weh!«

Beim Herausnehmen der Lockenwickler hat Nolwenn Madame Quintin eine Haarsträhne ausgerissen. Das ist merkwürdig, weil Nolwenn praktisch nichts anderes macht als Dauerwellen, Waschen und Legen.

Wie zu erwarten, lässt Madame Habib Nolwenn nicht damit davonkommen: »Solchen Unfug können Sie bei Mariella Brunella machen, die nehmen Sie sicher mit Kusshand.«

Mariella Brunella heißt der Friseursalon in der Einkaufspassage vom Carrefour. Er ist Madame Habibs größter Albtraum, für sie gibt es keinen schlimmeren Ort, um sich die Haare schneiden zu lassen, eigentlich gibt es ganz allgemein keinen schlimmeren Ort für sie. Dafür ist der Laden oft voll, hat eine jüngere, abwechslungsreiche Kundschaft und läuft sicher besser als Cindy Coiffure.

Nolwenn hat sich bei Madame Quintin entschuldigt, aber ihrem unergründlichen Gesichtsausdruck nach zu urteilen, hat sie es nicht ernst gemeint.

Der Techniker, der gekommen ist, um die Vitrine zu reparieren, war die zehn Wochen Wartezeit auf jeden Fall wert. Er ist hinreißend. Die formvollendete Version eines Technikers. Ein bisschen wie Henry Cavill, findet Clara. Nino Castelnuovo, findet Madame Habib. Dunkelhaariger Charme, die Schultern eines Schwimmers und dann diese lässige Geschmeidigkeit. Warum repariert einer wie der Glasvitrinen im Saône-et-Loire, anstatt die Laufstege von Paris oder Mailand im Sturm zu erobern?

Folgende Szene morgens bei Cindy Coiffure: Die fünf Frauen im Salon sind kurzzeitig versteinert und sehen dabei zu, wie der Techniker erst in die Hocke geht, sich hinkniet, sich dann auf den Fliesen ausstreckt und verrenkt, um die Hand unter die Vitrine schieben zu können. Viel zu schnell ist die Beleuchtung repariert. »Es lag nur am Stecker«, erklärt der Techniker, »ich habe ihn ausgetauscht«. Es wäre durchaus eine Überlegung wert, heimlich noch mal den alten einzusetzen, nur damit der Typ wiederkommt.

Als sie ihn zum ersten Mal gesehen hat, konnte Clara sich ein Lächeln nicht verkneifen. Wie dumm von ihr. Sie dachte, er mache nur Spaß, ein Video für einen Junggesellenabschied oder so etwas in der Art. Madame Habib dagegen hatte sofort verstanden. Die Tür war noch nicht hinter ihm ins Schloss gefallen, als Jacqueline schon hinübereilte, um ihm den Mantel abzunehmen, mit der geschäftigen Miene von jemandem, der weiß, wie man heikle Situationen händelt.

»Ich habe einen Termin um elf«, sagte er, während er sich aus den Klamotten schälte. »Für Claudie.«

Jacqueline schüttelte den Kopf, um ihm zu bedeuten, dass so viel Genauigkeit gar nicht nötig sei, dann nahm sie seinen Mantel entgegen und zeigte auf einen der Stühle am Eingang.

»Clara kümmert sich um Sie, sobald sie mit Madame Weil fertig ist.«

Er setzte sich, bei Nostalgie lief gerade *True Colors* von Cyndi Lauper, aber keine der drei Frauen im Salon nahm diese Ironie des Schicksals wahr, sie waren viel zu beschäftigt damit, sich ganz normal zu verhalten. Jacqueline wandte sich wieder der Reinigung der Auslage unter dem Ladentisch zu, als wäre nichts weiter gewesen. Clara zog Madame Weil die Lockenwickler aus dem Haar und runzelte irritiert die Stirn, sie ärgerte sich über ihr dummes Lächeln von vorhin. Und die gute Madame Weil saß da und starrte mit ihren Windhundaugen ins Leere, man konnte förmlich hören, wie sie dachte: Kann mir bitte jemand erklären, was aus dieser Welt geworden ist?

But I see your true colors
Shining through
I see your true colors
And that's why I love you

Claude Hansen, Fahrer des Schulbusses von der Romain-Rolland, war jetzt eine Frau. Oder vielmehr: Claudie Hansen war endlich sie selbst geworden, nachdem sie mehr als fünfzig Jahre in Claudes Körper gefangen gewesen war. So hatte sie es Madame Habib, Clara und Nolwenn, die von ihrer Fahrstunde zurückkam und Claudie anstarrte, als wäre sie die zum Leben erwachte Statue des Soldaten auf der Place de la Libération, erklärt. Nachdem Madame Weil gegangen war.

Claudie näherte sich der finalen Phase ihres Coming-outs, sie hatte sich unnötiges Leid ersparen wollen, indem sie die Leute schrittweise an ihr neues Ich gewöhnte. Zuerst hatte sie sich die Haare wachsen lassen – »Ich sah aus wie ein Musketier, ehrlich« –, dann hochhackige Schuhe getragen – »Das war die schwierigste Phase, weil es

jetzt keinen Zweifel mehr gab« – und schließlich Frauen-
klamotten. Schmuck und Schminke waren nicht ihr Ding.

In einem Nest wie ihrem blieb Claudies Verwandlung
natürlich nicht unbemerkt. Die Leute hatten geknurrt,
getratscht und gekichert, aber nach dem winterlichen
Hochwasser der Dheune, der Hitzewelle im August, als
die Temperaturen selbst nachts nicht unter zwanzig Grad
sanken, und den verschiedenen gesundheitlichen Proble-
men, mit denen man sich eben so herumschlägt, hatten
sie sich irgendwann an die riesige Frau, die über den Markt
spazierte, gewöhnt, genau wie an den schwarzen Front-
giebel der Kirche und die übrig gebliebene Weihnachts-
beleuchtung auf der Hauptstraße. Mittlerweile wäre es
ihnen eher komisch vorgekommen, Claudie auf einmal
nicht mehr zu sehen.

Als Nolwenn, die mal wieder bewies, dass sie in Wahrheit gar nicht schüchtern war, sagte, dass es bestimmt
nicht leicht sei für Claudie in ihrem Beruf, »mit all den Kindern und so«, antwortete diese, dass die Kids nicht das Problem seien, die respektierten sie eigentlich im Großen und
Ganzen, sie seien erstaunlich offen, nein, die Schlimmsten, das seien (und hier nahm sie ihre hervorstehenden
Fingerknöchel zum Aufzählen zu Hilfe) betrunkene Pen-
ner, Horden junger Männer und mittellose Frauen, meistens mit Kinderwagen. Eine von denen hatte sie letztens
bei Auchan verfolgt, sodass Claudie sich hinter die Fisch-
theke hatte flüchten müssen, während die Frau sie von der
anderen Seite aus unablässig beschimpfte.

»Nein, da hab ich in meinem Kuhdorf noch am meisten Ruhe.«

Claudie warf einen Blick in den Spiegel und schob sich mit dem Zeigefinger ein paar Strähnen aus der Stirn.

»Und hier«, fügte sie hinzu. »Mit euch fühle ich mich wohl. Ich kann ich selbst sein.«

Silbergrau ist schön und gut, aber Madame Lévy-Leroyer möchte mal etwas anderes ausprobieren. Gemeinsam gehen Clara und sie die Farben durch, die zu ihrem Gesicht passen könnten, das zwar knochig und hager ist, dem das Smaragdgrün ihrer Augen aber etwas Erhabenes verleiht. Schließlich werden sie fündig. »Ah, jetzt weiß ich. Ein Blond wie Bernadette Chirac.« Madame Habib, die gerade dabei ist, Namen in ein neues Register zu übertragen, wirft Madame Lévy-Leroyer über den Rand ihrer Brille einen argwöhnischen Blick zu. Soeben hat sie den Namen ihrer größten Rivalin gehört.

Als Lorraine Doktor Maître von ihren Schwindelanfällen erzählt hat, hat dieser ihr eine MRT verordnet. In zwölf Tagen hat sie einen Termin im Hôpital du Creusot. Doktor Maître hat keine Diagnose gestellt, aber Lorraine ist sich sicher, dass sie einen Gehirntumor hat. »Ich war zu lange unglücklich, das musste ja irgendwann schiefgehen.« Heute Morgen hat sie kein Wort gesagt. Sie ist mit dem üblichen Espresso und dazu zwei abgepackten Spekulatius in den Salon gekommen und hat sich stumm auf ihren Hocker niedergelassen. Sie hat den Blick durch den Raum schweifen lassen und erst Nolwenn, dann Clara mit melancholischen Augen bei der Arbeit beobachtet, als würde sie denken: »Es war schön mit euch, Mädels, ihr werdet mir fehlen.«

Sobald Lorraine weg war, hat Nolwenn die Gelegenheit beim Schopf gepackt und sich beim Abkassieren ihrer ersten Kundin die zwei abgepackten Spekulatius geschnappt, die auf dem Tresen liegen geblieben waren. Einen davon hat sie in die Hosentasche geschoben, die andere Verpackung hat sie aufgerissen und den Keks an Ort und Stelle verdrückt.

Er kommt an einem Mittwochnachmittag, ohne Termin. Es ist Herbst, und der Tag neigt sich bereits dem Ende entgegen. Nolwenn ist bei einer Management-Schulung und Madame Habib Schmerztabletten kaufen gegangen. Im Salon war den ganzen Tag nichts los.

Clara sieht gleich, dass er nicht von hier ist. An seiner Haltung und daran, wie er fragt: »Geht es auch ohne Termin?« Seine Gesten sind fahrig, ausladend. Er hat es eilig, sich hinzusetzen, und einmal im Stuhl, bewegt er sich nicht mehr. Bestimmt ist er Künstler, denkt Clara, oder Schauspieler – ja, Schauspieler, davon gibt es schließlich eine ganze Menge, die nicht richtig bekannt sind. Sie traut sich nicht, ihm die Hände auf die Schultern zu legen.

»Was soll denn gemacht werden?«

»Ach so, ähm, ein sauberer Schnitt bitte. Kurz. Aber vor allem sauber, ich vertraue Ihnen.«

»Wie liegen sie normalerweise?«

Er streicht sich die Haare von rechts nach links.

»So ungefähr.«

»Und der Nacken, soll der frei sein?«

»Ja, bitte.«

»Gerade oder lieber ein Übergang?«

»Gerade.«

Sie fährt ihm mit der Hand durchs Haar, es ist sehr fein, fast wie Seide. Man wird jeden Schnitt sehen, sie muss aufpassen, sich Zeit lassen.

»Ich habe da eine Geburtsbeule am Kopf, wundern Sie sich nicht.«

»Alles klar.«

Sie wäscht ihm die Haare. Er schließt die Augen, und Clara nutzt die Gelegenheit, um sein für sie auf dem Kopf stehendes Gesicht genauer zu betrachten. Vielleicht geht er gerade seinen Text durch, denkt sie. Aber warum will sie eigentlich unbedingt, dass er Schauspieler ist? Sie fragt sich, ob sie wohl glücklich zusammen wären. Vielleicht wenn sie auch Schauspielerin wäre. Oder Künstlerin. Jedenfalls nicht Friseurin. Hätte sie dann nach drei Jahren Beziehung noch Lust auf ihn?

Während Clara ihm die Haare schneidet, sprechen sie nicht. Den meisten Leuten ist die Stille beim Friseur unangenehm, sie haben das Bedürfnis, sie mit Worten zu füllen. Aber mit ihm ist es anders. Es ist eine konzentrierte, genussvolle Stille, keine leere oder unvollständige Stille. Bei Nostalgie läuft *Tout doucement* von Bibie. Ein wunderschönes Lied, findet Clara und denkt, dass sie es später im Bus noch einmal hören will. Das geht ihr oft so. Sie hört ein Lied im Radio, das sie schon fast vergessen hatte, es berührt sie, und sie nimmt sich vor, es abends bei YouTube nachzuhören. Aber wenn sie dann Feierabend hat, ist sie mit den Gedanken woanders – Milch kaufen und ihre Mutter anrufen zum Beispiel – und vergisst das Lied wieder.

Tout simplement
Fermé pour cause de sentiments différents
Reviendrai p't-être dans un jour, un mois, un an
Dans son cœur, dans sa tête

Der Mann öffnet die Augen und lächelt sie an. Sie erwidert sein Lächeln und senkt dann schnell den Blick. Ja, der würde ihr auch nach drei Jahren noch gefallen, da ist sie sich ziemlich sicher.

Dann kommt Madame Habib wieder, und *Tout doucement* wird von einer Leclerc-Werbung abgelöst.

Jacqueline tritt sich die Schuhe auf der Fußmatte ab.

»Das Kreuz von der Apotheke ist abgegangen, es hängt nur noch an einem Faden von der Wand, das sollten Sie mal sehen.«

Da fällt ihr auf, dass sie die Person, der Clara die Haare schneidet, nicht kennt, und dass es noch dazu ein Mann ist. Sofort vollzieht sich eine Verwandlung in Madame Habib: Sie ist jetzt im Modus *Mann im Salon*. Erhobenen Hauptes durchquert sie den Raum, hängt ihren Mantel an die Garderobe und streicht auf dem Rückweg zärtlich über die Stuhllehnen, als wäre das ein Ausdruck grenzenloser Sinnlichkeit. Sie kann es einfach nicht lassen.

Als Clara fertig ist, steht der Mann auf, und plötzlich ist er wieder ein Fremder. Im gleichen Augenblick kommt Madame Chicheportiche mit ihrem Enkel Ferdinand zur Tür herein. Wie jeden Mittwoch hat sie ihn vom Posaunenunterricht abgeholt und begleitet ihn zum Friseur. Clara nimmt ihnen Mantel und Jacke ab und hängt beides auf. Als sie sich wieder umdreht, ist der Mann verschwunden. Er hat kein Trinkgeld dagelassen. Sie ist ein bisschen enttäuscht. Nicht wegen des Trinkgeldes, sondern weil sie ihn wahrscheinlich nie wiedersehen wird. Sie führt Ferdinand zu seinem Platz, und während sie das Pedal bedient, um den Sitz nach oben zu fahren, fällt ihr Blick auf den Gegenstand, der auf dem Frisiertisch liegt. Es ist ein Buch. Ein Taschenbuch. Der Mann muss es vergessen haben. Sie beschließt, ihm nicht nachzulaufen, dann hat er einen Grund wiederzukommen. Madame Habib dagegen würde sicher nichts lieber tun, als ihm nachzulaufen, wenn sie das Buch auf dem Frisiertisch entdeckt, also lehnt Clara sich vor, öffnet die Schublade und legt das Buch hinein, als handele es sich um einen Kamm oder eine Schere. Jacqueline hat nichts gesehen, sie hört der alten Chicheportiche zu, die gerade von dem Haus erzählt, das sie geerbt hat. »Mit Blauregen über der Tür, genau wie ich es mir immer gewünscht habe.«

Es tröstet Clara zu wissen, dass das Buch in der Schublade liegt. Es ist ein bisschen so, als wäre der Mann noch da. Sie fährt mit der Hand durch Ferdinands Haar und legt ihm die Hände auf die Schultern. Er verändert sich bereits, seine Schultern sind breiter, er wirkt selbstbewusster. Vielleicht täuscht das aber auch. Jedenfalls wird er immer noch rot, wenn Clara ihn etwas fragt.

Clara vergisst das Buch, bis sie eines Tages auf der Suche nach einem Zopfgummi die Schublade öffnet und es dort liegen sieht. Sie denkt wieder an den fremden Mann, der einfach so aus dem Nichts im Salon aufgetaucht ist, an seine anmutige Unruhe. Er ist nie zurückgekommen. Vielleicht hat er das Buch ja absichtlich liegen lassen? Sie betrachtet den Titel und das Titelbild. Darauf sind eine Frau in einem hübschen Musselinkleid und ein kleiner Junge mit rosigen Wangen zu sehen. Ein Ausschnitt von einem alten Gemälde. Clara schlägt das Buch auf, blättert, entdeckt das Eselsohr in einer Seite im ersten Drittel des Buches. Ein Satz ist mit blauem Kuli unterstrichen. *Sie haben eine glückliche Seele, von einer seltenen Beschaffenheit, die Natur eines Künstlers, lassen Sie es ihr nicht an dem fehlen, was ihr nottut.*

Sie steckt das Buch in ihre Tasche. Dort bleibt es bis zum Montag, bis Clara ihre Tasche aufräumt, dabei vom Klingeln einer Nachbarin unterbrochen wird und das Buch auf dem Wohnzimmertisch ablegt. Am nächsten Morgen findet JB es, als er mit seiner Schale Chocapic ins Wohnzimmer geht, das Buch im Vorbeigehen hochhebt, den Titel und den Namen des Autors liest, das Gemälde auf der Vorderseite ohne jede Gefühlsregung betrachtet und es ein Stückchen weiter, auf der Ecke des Wohnzimmertischs wieder ablegt. Ein paar Tage später wirft die Katze es hinunter, als sie sich bei einem Sprung vom Sofa auf den Tisch verschätzt und nach ihrem Sturz aus dem Zimmer rast als würde dort ein Amokläufer um sich schießen. Abends hebt Clara das Buch wieder auf und stellt es ins Regal im Flur, neben *Nachricht von dir* und *Das Papiermädchen* von Guillaume Musso, *Meine Naturapotheke* von Dr. Fabrice Visson, *Schwarzer Schmetterling* von Bernard Minier, *Ich bin Zlatan Ibrahimović* von Zlatan Ibrahimović, *The Secret* von Rhonda Byrne (ein Geschenk von Anaïs, eine von Claras ältesten Freundinnen), *Die dreißig schönsten Wanderwege der Bourgogne* (ein Geschenk von ihrem Vater), *Drei Küsse* von Katherine Pancol, die Ausgaben 2011, 2013, 2015, 2016 und 2018 von *Widder: Mein Tageshoroskop* und ein Dutzend Mangas von Akira Toriyama, die JB gehören und die er sehr schätzt. In diesem Regal bleibt das Buch genau fünf Monate, neunundzwanzig Tage, zwei Stunden und siebenundvierzig Minuten.

Es ist ein Sonntag im März, ein Sonntagnachmittag. Sie wacht aus einem Mittagsschlaf auf. Der Schnee hat aufgehört zu fallen, er wirft weißes Licht an die Wohnzimmerdecke, hübsch sieht das aus. Auf dem Sitzkissen gegenüber vom Sofa hockt die Katze und mustert Clara, als wolle sie fragen »Wer sind Sie, und was machen Sie in meiner Wohnung?«, bevor sie so herzhaft gähnt, dass sie sich dabei fast den Kiefer ausrenkt. JB ist morgens zu einem Freund gefahren, um ihm beim Umzug zu helfen, das Mittagessen bei Claras Eltern fällt heute aus.

Sie beschließt, die Ruhe in der Wohnung zu nutzen und ein Bad zu nehmen, dann ruft sie ihre Mutter an. Sie holt eine Hühnchen-Champignon-Pastete für das Abendessen aus dem Gefrierschrank und macht sich einen Tee. Während das Wasser kocht, kommt eine Nachricht von JB – *Sind wieder in Sevrey, könnte spät werden –*, die sie mit zwei Smileys beantwortet, einem angespannten Bizeps und einem Kuss. Sie öffnet Instagram, macht die App aber sofort wieder zu, legt das Handy auf die Arbeitsfläche, sieht aus dem Fenster und denkt, dass sie jetzt gern mit jemandem schlafen würde. Das muss am Schnee liegen, an der Kälte und an der wattigen Stille um sie herum. Sie würde gern mit Jacob Elordi schlafen. Sie hat ihn diese Woche in einer Serie entdeckt, die sie zusammen mit JB guckt. Jedes Mal, wenn er auf dem Bildschirm auftauchte, hat sie sich gefragt, ob JB ihr das Verlangen wohl ansah. Große, dünne, fast dürre Männer mochte sie schon immer. Genau wie dieser Kunde aus dem Salon. Sie sieht noch immer seine langen Hände vor sich, die schlanken Finger, sie stellt sich vor, wie er damit ihre Taille umfasst. Sie denkt an seinen Mund, malt sich aus, wie seine Lippen nur wenige Zentimeter von ihren eigenen verharren, sie spürt seinen warmen Atem an ihrem Hals. Sie weiß nicht, warum gerade diese Vorstellung eine so große Wirkung auf sie hat … Der Mann, er hat ein Buch im Salon gelassen. Ein Taschenbuch. Wie hieß es noch gleich?

zwei

Marcel

Zuerst passiert gar nichts. Nada, niente, nix. Der erste Satz ist genauso bekannt wie ein Werbeslogan oder der Refrain eines Kinderlieds. Danach wird es konfus. Die Wörter reihen sich wie Ameisen in einer langen Schlange vor ihren Augen. Es geht um Franz I., Karl V. und um eine *Seelenwanderung*. Franz I. war ein französischer König. Bei Karl V. wird es schon schwieriger. Und das Wort Seelenwanderung kennt sie weder von JB noch aus dem Salon. Was ist das bloß für ein Buch?

Sie nimmt einen Schluck Tee, schlüpft unter die Wolldecke und liest weiter. Da, dieser Satz sticht aus dem Gewirr heraus, als hätte er ihr zugewunken. *Ich schmiegte meine Wangen zärtlich an die sanften Wangen des Kissens, die so voll und frisch den Wangen unserer Kindheit gleichen.* Das Bild berührt sie, und das, was danach kommt, noch viel mehr. Es geht um Hoffnung und Enttäuschung. Ein Mann wacht in seinem Bett auf. Er ist krank. Als er sieht, dass Licht unter der Tür seines Zimmers hindurchscheint, ist er erleichtert: Es ist Morgen, und man wird sich endlich um ihn kümmern. Doch er täuscht sich. Das Licht stammt von einer Gaslampe im Flur, die kurz darauf gelöscht wird. Es ist immer noch Abend, er war nur ein paar Minuten eingenickt, es liegen noch viele schwierige Stunden vor ihm …

Sie liest weiter, will wissen, was als Nächstes passiert, sie war schon immer neugierig. Ein anderer Satz zieht ihre Aufmerksamkeit auf sich. *Ein Mensch, der schläft, hält in einem Kreis um sich das Band der Stunden, die Folge der Jahre und der Welten versammelt.* Vollkommen undurchdringlich. Sie runzelt die Stirn, liest weiter, aber jetzt spürt sie nichts mehr. Die Wörter werden wieder zu Ameisen. Proust spricht von seiner Haltung beim Schlafen, von einer steif gewordenen Seite, von den Möbeln um ihn herum. So viele Worte, nur um zu sagen, dass er nicht schlafen kann: Dieser Typ hat eindeutig ein Problem, er sollte dringend mal zum Arzt.

Sie klappt das Buch zu und wirft es aufs Sofa. Nein, danke. Es mag ja Leute geben, die auf diese Art Bücher stehen, aber sie nicht, sie steht auf Jacob Elordi. Sie dreht sich zum Fenster, denkt an die Augen des Schauspielers – wie ein trauriger Cockerspaniel – und plötzlich, als ob ihre Synapsen erst jetzt die Verbindung hergestellt hätten, kommt ihr der letzte Satz wieder in den Sinn. Sie greift nach dem Buch, sucht nach der richtigen Seite, der richtigen Stelle. *Alles begann sich im Dunkeln um mich zu drehen, die Dinge, die Länder, die Jahre.* Und plötzlich versteht sie. Es geht um einen Mann, einen Mann, der im Bett liegt und immer wieder in und aus dem Schlaf gleitet, zwischen Traum und Wirklichkeit, zwischen Vergangenheit und Gegenwart. Sie kennt diesen Zustand der Verwirrung. Ihr ist es auch schon passiert, dass sie kurz vor dem Einschlafen oder direkt nach dem Aufwachen nicht mehr wusste, ob sie in ihrer eigenen Wohnung, dem Haus ihrer Eltern oder dem ihrer Großmutter in Besançon war.

Sie setzt sich gerade hin, konzentriert sich … Der Typ erwacht aus seinem Zwischenzustand. Also Proust. Beziehungsweise der Erzähler. Am Ende des Abschnitts sagt er, dass er sich an sein früheres Leben erinnert. Er will in die Vergangenheit zurückkehren und für immer dortbleiben, genau wie Alice durch den Kaninchenbau ins Wunderland fällt. *Auf der Suche nach der verlorenen Zeit.* Warum sollte sie sich nicht auch auf eine Reise begeben? Die Vergangenheit hat sie schon immer fasziniert. Schleier, Hüte und lange Kleider, Pferdedroschken, die über das Pflaster holpern. Im Wohnzimmer ihrer Tagesmutter hing über dem Sofa der Nachdruck eines Gemäldes, das ungefähr aus der Zeit stammen muss, in der das Buch spielt. Darauf war eine Frau zu sehen. Ihr langer weißer Rock bauscht sich im Wind, in der Hand hält sie einen kleinen grünen Schirm, um sich vor der Sonne zu schützen. Clara hat das Bild früher so lange angesehen, bis sie sich irgendwann einbildete, dass die Frau ihr den Kopf zuwandte und stumm ihren Blick erwiderte, die Augen zusammenkniffen, um Clara in der Ferne ausmachen zu können. Komisch, sie hat schon seit Jahren nicht mehr an dieses Bild gedacht. Das Buch hat die Erinnerung daran geweckt, Proust hat den Paravent zur Seite geschoben, hinter dem die Erinnerung versteckt gewesen war, und sie mit unendlicher Behutsamkeit ans Licht gebracht.

Sie hat vielleicht zehn, zwölf Seiten gelesen, sie kann sich ungefähr vorstellen, wie es mit Proust und ihr weitergehen wird. Sie wird durchhalten müssen, weiterlesen, auch wenn die Bandwurmsätze und komplizierten Konjunktivformen oft genug dichten Nebel in ihrem Kopf zurücklassen und sie manchmal vollkommen im Dunkeln tappt, sie wird sich in Geduld und im Umgang mit einem Wörterbuch üben müssen. Im Gegenzug wird Proust sie in regelmäßigen Abständen bezaubern, immer dann, wenn sie es am wenigsten erwartet.

Je mehr sie liest, desto besser versteht sie ihn. Es ist nicht so, als würde er besonders komplizierte Wörter benutzen, es liegt an seinen Sätzen, die nicht selten einen Umweg nehmen. Aber sobald sie das verstanden hat, sobald sie weiß, dass er sie nicht im Stich lassen, sondern zu ihr zurückkommen wird, läuft es von ganz allein. Was ihn so besonders macht, ist seine Sensibilität. Im Alltag hat man selten die Gelegenheit, die Dinge so intensiv zu empfinden. Als Leser muss man sich an so viel Feingefühl erst wieder gewöhnen. Und das erfordert volle Konzentration. Zum Beispiel kann man nicht gleichzeitig *Auf dem Weg zu Swann* lesen und Rage Against the Machine hören.

Zugegeben, sie ist ein bisschen stolz, dass sie *Auf der Suche nach der verlorenen Zeit* liest. Dass sie es versteht. Anaïs würde es wahrscheinlich nicht verstehen. Von Nolwenn ganz zu schweigen. Und dass sie das Buch einfach nur so liest, aus Zufall und aus Neugier, trägt dazu bei, dass in ihr ein zartes Triumphgefühl wächst.

W ollen wir bald essen?«
    Vor ihr steht JB. Die Katze sieht sie mit dem gleichen fragenden Blick an, wahrscheinlich will sie auch gefüttert werden.

»Es ist Viertel nach neun. Hast du denn keinen Hunger?«

»Doch, schon.«

Clara streckt sich.

»Ich hab eine Pastete aufgetaut, sie muss nur noch in den Ofen.«

»Wenn du willst, kann ich mich darum kümmern.«

»Nein, nein, ich mach noch einen Salat dazu.«

Sie steht auf.

»Irgendwann muss ich ja eh mal aufhören zu lesen.«

In der Küche bereitet sie die Pastete vor, dann den Salat, und schließlich setzt sie sich an den Tisch, JB gegenüber, der ihr zwischen zwei Bissen von Florians Umzug erzählt.

»… und der Kangoo war vielleicht noch so weit von der Hauswand entfernt, ernsthaft, es hätte keine Hand mehr dazwischen gepasst.«

Clara sieht, wie sein kauender Mund die Wörter formt, wie sein Zeigefinger die Krümel auf dem Teller aufliest, sie sieht die beiden Kratzer auf seinem Arm, aber mit den Gedanken ist sie woanders, in einem Dorf namens Combray, Ende des neunzehnten Jahrhunderts. In einem Kinderzimmer auf der zweiten Etage eines Fachwerkhauses spielt sich ein herzzerreißendes Drama ab. Marcel, der ganz eindeutig Schlafprobleme hat, liegt im Bett und wünscht sich nur eine Sache: dass seine Mutter kommt und ihm einen Gutenachtkuss gibt. Aber an diesem Abend zögert der spontane Besuch von Swann, einem Freund der Familie, den Moment der mütterlichen Zuwendung hinaus. Weil Marcel unmöglich so lange warten kann, beschließt er, seiner Mutter über das Dienstmädchen Françoise eine Nachricht zukommen zu lassen, in der er ihr mitteilt, dass er sie dringend sehen muss. Sobald Françoise mit dem Schriftstück in der Hand das Kinderzimmer verlassen hat, wartet Marcel ungeduldig darauf, dass seine Mutter hereinkommt …

»Isst du das noch?«

JB zeigt auf den Rest Pastete auf Claras Teller.

»Nein, ich glaube nicht.«

Abends hat sie nie viel Hunger. Sie schiebt ihm den Teller rüber, und er schlingt den Rest Pastete hinunter, als hätte er seit drei Tagen nichts gegessen.

»Ist alles in Ordnung mit dir?«

»Ja, alles gut.«

»Was hast du heute so gemacht?«

Heute hat sie angefangen, ein Buch zu lesen, ein Buch, das ein bettlägeriger Mann vor hundert Jahren geschrieben hat, ein Buch mit unendlichen Sätzen, von dem sie glaubt, dass es sie stärker machen wird, auch wenn sie noch nicht genau weiß, warum.

Als sie das Buch weglegt, ist es beinahe eins. JB ist neben ihr eingeschlafen. Ihre Körper berühren sich nicht, aber sie spürt trotzdem die Wärme, die von seiner Haut ausgeht.

Mama Proust hat gar nicht gut auf die Nachricht ihres Sohnes reagiert. Die schlimmste Reaktion, die man sich vorstellen kann: *Antwort wurde nicht gegeben,* hat sie ihm über Françoise ausrichten lassen. Zuerst war Marcel verzweifelt, aber später haben sich die Dinge doch noch einigermaßen gefügt. Nachdem Swann gegangen war, hat Marcel seine Mutter die Treppe hinaufkommen hören und ist zu ihr geeilt. Aber sein Vater war auch da, und so standen sie plötzlich zu dritt im Flur. Als er seinen Sohn so aufgelöst vor sich sah, schlug Papa Proust vor, dass seine Frau doch die Nacht bei dem Kind verbringen solle.

»Kein Platz mehr in der Kiste«, murmelt JB im Schlaf und dreht sich auf den Rücken. Clara beobachtet ihn, wie er mit offenem Mund daliegt, dann dreht sie sich auf die andere Seite, macht das Licht aus und starrt in die Dunkelheit.

Eigentlich hätte Marcel sich freuen müssen, dass seine Mutter bei ihm bleibt. Aber jetzt spürt er ihren Schmerz, es muss sie geschmerzt haben, ihr Kind weinen zu sehen, und in ihrem Schmerz hat sie sich dieses alberne Zugeständnis abgerungen. Die offensichtliche Schwäche seiner Mutter macht die Freude über ihre Anwesenheit zunichte, sie zerstört Marcels kleinen Sieg.

Clara schiebt die Hände unter das Kopfkissen, schließt die Augen und ist sofort in dem Zimmer in Combray. Durch das Fenster sieht sie, wie Marcels Eltern Swann nach draußen begleiten, lauscht der Unterhaltung über Langusten und Mokka-Pistazien-Eis. Sobald sie aus ihrem Blickfeld verschwinden, eilt sie in den Flur, wo kurz darauf Marcels Mutter mit einer Kerze in der Hand auftaucht.

Sie hat die Haltestelle verpasst. Das ist ihr noch nie passiert. Anstatt bei Libération ist sie bei De-Lattre-de-Tassigny ausgestiegen. Und weil der Bus in die andere Richtung erst in dreizehn Minuten kommen sollte, ist sie gelaufen und zu spät gekommen.

Sie hat die ganze Nacht von einem Glöckchen am Gartentor geträumt, vom Rascheln eines Musselinkleides auf der Treppe, vom Klang der Klosterglocken in der Abendruhe. Sie ist in der Dämmerung durch ein Dorf spaziert, mit einer Nachricht in der Hand, die sich in Nichts auflöste, als sie sie gerade übergeben wollte … Im Bus hat sie weitergelesen, sie konnte ja nicht ahnen, dass die nächsten Seiten so mitreißend sein würden, dass sie deshalb die Ansagestimme überhören würde. Dabei verkündete sie jede Haltestelle zweimal, beim ersten Mal mit einem fragenden Unterton, beim zweiten Mal etwas bestimmter. Libération? … Libération.

Der erwachsene Marcel trinkt einen Schluck von seinem Lindenblütentee, in den er zuvor eine Madeleine getunkt hat, als etwas Außergewöhnliches geschieht. *Ganz so sind nun all die Blumen in unserem Garten und in dem Park von Monsieur Swann, die Seerosen der Vivonne, die guten Leute des Dorfes und ihre kleinen Häuser, die Kirche und ganz Combray und* seine Umgebung, alles, was Form und Gestalt annehmen kann, Stadt und Gärten, aufgestiegen aus meiner Tasse Tee. Diese Stelle ist so eindringlich, dass Clara sie ein zweites Mal liest, genau wie Marcel einen zweiten und dritten Schluck Tee nimmt, um das Gefühl der Erinnerung wieder heraufzubeschwören.

Sie weiß genau, was Proust meint. Vor ein paar Jahren hatte sie selbst so ein Erlebnis, in der Schule, mitten im Biounterricht. Die Tage wurden gerade wieder länger, und vor den offenen Fenstern mähte jemand den Rasen. Beim Motorengeräusch und dem Geruch nach frisch geschnittenem Gras überkam sie plötzlich ein wohliges Glücksgefühl, als ob ihr jemand zärtlich über den Kopf streichelte. Das Dröhnen und der Duft hatten deshalb eine so starke Wirkung auf sie, weil sie eine glückliche Erinnerung in ihr hervorriefen. Die Erinnerung an ihre Tagesmutter, die ihren Schützlingen nachmittags um vier immer ein Stück Baguette mit Butter und dazu einen Riegel Vollmilchschokolade gab. Während sie mit den anderen Kindern an Madame Le Hennecs Küchentisch saß und aß, hatte Clara zum ersten Mal bewusst den Rasenmäher gehört und den Geruch von frisch gemähtem Gras gerochen.

Später, im Biounterricht, war ihr diese Kindheitserinnerung dann wieder eingefallen. Der Moment in der Küche, ein Augenblick der Stille an einem Nachmittag voller Spiel und Gerenne, der Geschmack der Schokolade, der so wunderbar zum Baguette passt, als hätte man beide einzig und allein füreinander erfunden. Und heute im Bus hat sie sich dann an das Gefühl im Biounterricht erinnert. An die ersten warmen Tage, die eine undeutliche, überbordende, beinahe schmerzhafte Sinnlichkeit mit sich brachten, an den Biounterricht, zu dem sie gern ging, weil er ihr leichtfiel, an den netten Biolehrer und an die Namen ihrer Mitschüler: Estelle Joffre, Nathan Girardin … Das Glücksgefühl war so stark, dass sie es am liebsten mit den Leuten im Bus geteilt hätte: »Ist das nicht toll, diese Geschichte mit der Madeleine, die die Vergangenheit heraufbeschwört?« Da hat sie dann die Ansagestimme gehört. »De-Lattre-de-Tassigny? … De-Lattre-de-Tassigny.«

»Vielleicht hat seine Mutter ihm etwas in den Tee getan«, sagt Madame Lopez und starrt Clara im Spiegel misstrauisch an.

»Das brauchte sie gar nicht. Der Geschmack des Tees hat ihn an den Tee erinnert, den er als kleiner Junge immer bei seiner Tante getrunken hat.«

Madame Habib mustert sie über die Ränder ihrer Brille hinweg, sie fragt sich, über was, um Himmels willen, die beiden da sprechen. Madame Lopez hat es aufgegeben, Claras Geschichte verstehen zu wollen, sie betrachtet ihr eigenes Spiegelbild, als wolle sie sagen: Mir doch egal, ob dieser Typ mit seiner Tante, seiner Mutter oder der Queen höchstpersönlich Tee getrunken hat, passen Sie lieber auf, dass Sie meine Haare nicht ruinieren.

Clara versucht es noch einmal: »Und weil er die Erinnerung nicht verlieren will, nimmt er noch einen Schluck Tee, aber die Wirkung wird immer schwächer. Wie bei einem Traum. Je mehr man versucht, sich daran zu erinnern, desto weniger gelingt es einem. Kennen Sie das Gefühl?«

Aber Madame Lopez dreht nur den Kopf zur Seite, um ihr Profil zu begutachten, und sagt:

»Hoppla, kürzer aber bitte nicht!«

So schön, wie die Pappeln *verzweifelte Bitten und Emp-fehlungen an das Gewitter richten*. Wunderschön, wie *das letzte Grollen des Donners in den Fliedern gurrt*. Wie Marcel den Wind küsst, weil es die gleiche Luft ist, die seine Geliebte einige Kilometer weit weg geatmet hat. Und dann das *orangegoldene Licht des Sonnenuntergangs, das von der Silbe »antes« ausgeht*, vom Namen *Guermantes*; der Mond am Nachmittagshimmel, *ohne Glanz, wie eine Schauspielerin, deren Auftritt noch nicht gekommen ist*; die Lektüre, *magisch wie ein tiefer Schlaf*. Wenn ihr ein Satz besonders gut gefällt, unterstreicht sie ihn oder malt ein Herz an den Rand.

Nachdem JB eine Dreiviertelstunde lang durch seine Fotogalerie gescrollt hat, legt er das Handy auf den Nachttisch und schmiegt sich an Clara. Gleich wird er etwas sagen, sie weiß es, und es stört sie, weil sie gerade an einer besonders spannenden Stelle ist, mitten im Auf und Ab von Swanns und Odettes stürmischer Liebe, mitten in der Eifersucht des einen und den Lügen der anderen. Das Buch fordert die gesamte Aufmerksamkeit seiner Leser, es knüpft ein so starkes, exklusives Band, dass man sich des Gefühls nicht erwehren kann, alle anderen hätten sich verschworen, um einem am Lesen zu hindern. Genau so fühlt sich Clara, in ihr wächst der Wunsch, für zehn Tage oder mehr aufs Land zu fahren und nichts anderes zu tun, als Proust zu lesen.

JBs Kopf ruht auf ihrer Schulter, er betrachtet das Buch, dann fragt er:

»Du magst das richtig gern, oder? Du liest die ganze Zeit darin.«

Sie unterbricht die Lektüre, dabei hat Swann Odette gerade gefragt, ob es stimme, dass sie schon mit Frauen geschlafen habe.

»Ja, das ist echt gut.«

»Meinst du, es würde mir auch gefallen?«

»Hm, eher nicht, glaube ich, aber wer weiß …«

»Worum geht es denn?«

Kurz ist sie versucht, »alles« zu antworten, aber das wäre wohl doch ein bisschen vage.

»Das kann man nicht so leicht beantworten.«

»Los, versuch's«, sagt er und schiebt unter der Decke seine Hand auf ihren Bauch. »Es interessiert mich.«

Sie knickt die Ecke von Seite vierhundertneun um und legt das Buch zur Seite.

»Also, am Anfang liegt Marcel, die Hauptfigur, im Bett und kann nicht schlafen. Er denkt über die Vergangenheit nach. Zuerst über seine Kindheit. Da ist er oft zu seiner Großtante nach Combray gefahren. Die Tante ist ziemlich schrecklich, sie liegt eigentlich den ganzen Tag nur im Bett und starrt aus dem Fenster, aber Marcel ist das egal, er geht am liebsten spazieren. Er erzählt, was er bei seinen Spaziergängen so sieht – Blumen, die Landschaft – und beschreibt alles bis ins kleinste Detail. Am Anfang muss man sich erst mal daran gewöhnen, aber man versteht schnell, dass er alles so detailliert beschreibt, weil er so viel sieht und fühlt. Im Grunde ist er ein Genie. Er erzählt auch von den Leuten um ihn herum. Zum Beispiel von Swann, der oft bei Marcels Familie zu Besuch ist. Und Françoise, dem Dienstmädchen. Die ist super. Sie sagt immer, was sie denkt, aber manchmal vertut sie sich mit den Wörtern. Und sie kann richtig gut kochen, sie macht zum Beispiel so ein Rindfleisch in Gelee, ich muss unbedingt versuchen, das Rezept zu finden … Na ja, so fängt es jedenfalls an, also auf dem Land, und dann, Szenenwechsel. Plötzlich sind wir in Paris in einem Salon. Also, kein Friseursalon natürlich. Damals war ein Salon ein Ort, an dem sich die Leute getroffen haben, um Musik zu hören oder zu Quatschen, meistens über die anderen und meistens ziemlich fiese Sachen. Der Salon, um den es geht, gehört Madame Verdurin. Sie wird auch die Chefin genannt, dabei ist sie absolut lächerlich, genau wie die Leute, die in ihren Salon kommen. Zum Beispiel will sie nicht mehr richtig lachen, seit sie sich den Kiefer ausgerenkt hat, also beugt sie sich vor und versteckt das Gesicht in den Händen, um so zu tun, als müsse sie einen Lachanfall unterdrücken. Dann gibt es da so einen Typen – ich habe seinen Namen vergessen –, der dauernd von *Blanka von Kastilien* faselt, total zusammenhangslos, nur, weil er denkt, dass er dann intelligent wirkt, dabei ist es einfach nur lächerlich. Und dann … was passiert dann noch mal … Ach ja, Swann ist auch bei den Verdurins. Aber da ist er völlig fehl am Platz, er passt überhaupt nicht zu diesen Leuten, er ist viel cooler als sie. Er geht auch eigentlich nur hin, um bei Odette zu sein, von der ist er richtig besessen. Er will wissen, was sie macht, wenn sie nicht zusammen sind, er sucht in den Restaurants nach ihr, guckt bei ihr zu Hause ins Fenster und so was alles. Und das Verrückteste ist, dass er sie am Anfang gar nicht mochte. Als er sie das erste Mal gesehen hat, fand er sie sogar eher hässlich, und er hat gleich gemerkt, dass sie ihm etwas verheimlicht. Außerdem benutzt sie dauernd englische Wörter, zum Beispiel *lunch* statt Mittagessen, total nervig. Irgendwann wird dann klar, dass er nur deshalb so besessen von ihr ist, weil sie ihm immer wieder entwischt. Schon krass, wenn man mal genauer darüber nachdenkt. Das zeigt ja mal wieder, wie verrückt die Liebe ist. Man verliebt sich immer in die Person, die unerreichbar ist, eben weil sie unerreichbar ist.

Clara hält inne – vielleicht reicht das für heute Abend, es muss schon ganz schön spät sein. JB reagiert nicht. Sie dreht den Kopf zur Seite, sieht, dass er die Augen geschlossen hat und dass seine Brust sich regelmäßig hebt und senkt. War ja klar. Wahrscheinlich hat er aufgegeben, als sie von den Proust'schen Details gesprochen hat.

Die Idee ist ihr ganz spontan gekommen. Am Ende eines Kapitels hat sie das Buch zugemacht und das Cover betrachtet, auf dem zwei junge Frauen in weißen Kleidern im Gras liegen – irgendwie hat sie sich dafür vorher nie die Zeit genommen. Sie fand es hübsch, wie das Buch da auf der senfgelben Mohairdecke auf ihrem Schoß lag – sie war bei ihrer Schwester in Louhans und hatte sich zum Lesen auf die Terrasse gesetzt –, also hat sie ein Foto gemacht und es mit dem Filter Juno und den Hashtags #MarcelProust, #AufderSuchenachderverlorenenZeit, #ImSchattenjungerMädchenblüte und #Roman versehen.

Als sie Instagram um zehn Uhr abends das nächste Mal aufgemacht hat, hatte ihr Bild ganze zehn Likes bekommen. Zum Vergleich: Ihr beliebtestes Bild, das, wo nur noch der Kopf der Katze aus JBs Sporttasche hinausguckt, hat hundertdreiundneunzig.

Madame Bozonnet kommt im Salon vorbei, um ihren Termin am Nachmittag abzusagen. Sie ist in der Einkaufspassage vom Carrefour in Ohnmacht gefallen und musste von der Feuerwehr ins Krankenhaus gebracht werden, wo sie jetzt darauf wartet, untersucht zu werden ... Moment, da stimmt irgendetwas nicht. Clara guckt zur Kasse rüber. Und tatsächlich, dort steht nicht Madame Bozonnet, sondern ihr Mann. Die beiden haben das gleiche dünne, zögerliche Stimmchen, mit dem sie sich unentwegt und für alles entschuldigen. »Es tut mir leid, aber ...«

Frohlockend spaziert Lorraine in den Salon. Die MRT-Bilder sind eindeutig: Sie hat keinen Hirntumor. Laut Doktor Maître leidet sie an einer Angststörung – er hat es noch irgendwie anders genannt, aber sie weiß nicht mehr wie. Er hat ihr geraten, eine Psychoanalyse zu machen, um herauszufinden, wo die Angst herkommt. Also sucht sie jetzt nach einem Psychologen, was in ihrer Gegend eine echte Herausforderung ist. Vor allem, wenn die Krankenkasse zahlen soll. »Ich hab immerhin drei Kredite abzustottern!« Wer hätte gedacht, dass man so glücklich darüber sein kann, an Angststörungen zu leiden …

Am meisten gefällt ihr bei Proust der Rhythmus. Man muss ihn gemächlich lesen und trotzdem wachsam bleiben, gar nicht so einfach. Wie oft ihre Gedanken beim Lesen schon abgeschweift sind, zu einem Gespräch mit einer der Kundinnen im Salon oder zu ihrer Einkaufs-liste. Gemächlich und wachsam, entspannt und konzen-triert. Proust lesen ist wie Yoga.

Proust lesen bedeutet auch, Passagen zu überspringen. Manchmal überfliegt sie fünf Seiten oder mehr, bis sie zu einem neuen Kapitel kommt und wieder einsetzt. Bei über viertausend Seiten kommt es auf fünf wohl nicht an. Sie hat kein schlechtes Gewissen deswegen, sie ist sich ziem-lich sicher, dass selbst Marcel sich heute manchmal lang-atmig finden würde.

In Anbetracht des Durchschnittsalters der Stammkundinnen von Cindy Coiffure ist es nicht verwunderlich, dass immer mal wieder eine von ihnen das Zeitliche segnet. Wenn Madame Habib die traurige Botschaft erfährt, seufzt sie, nimmt die entsprechende Akte aus dem Ständer, zerreißt sie in vier Teile und legt sie in den Papierkorb. Schmeißen wäre ihr respektlos vorgekommen. Die Neuigkeit verbreitet sich im Salon, und zwei, drei Stunden lang ist die Atmosphäre gedrückt, bis das Leben wieder seinen gewohnten Lauf nimmt. Als Madame Da Silva, ihre älteste Kundin, gestorben ist, war es Jacqueline wichtig, zur Beerdigung zu gehen. Weil sie vorher kurz im Salon vorbeigeschaut hat, konnten die dort Anwesenden sehen, dass sie keine Mühen gescheut hatte: Eine Mantilla aus Calais-Spitze, ein schwarzes Samtkleid, ein Marienanhänger und eine schwarze Sonnenbrille à la Jackie O. Schicker hätte sie nicht mal für die Beisetzung eines portugiesischen Infanten sein können.

Mit den ersten Takten von Richard Cocciantes *Le coup de soleil* betritt Claudie Hansen den Salon. Clara nimmt sie in Empfang. Madame Habib hat diesen Samstag frei, sie ist auf eine Hochzeit eingeladen. Patrick ist da. Nolwenn, die gerade Madame Rinaldis Haare glättet, sieht nicht einmal auf.

Claudie wirkt gelöster als bei ihrem letzten Besuch, aber sie sieht nicht unbedingt besser aus. Als ob die Zeit ihr nicht dabei helfe, eine Frau zu werden. Ihre Haare hängen schlaff an ihrem Gesicht herab und lassen es riesig erscheinen. Sie ist mehr schlecht als recht geschminkt, ihr Schlüsselbein sticht hervor, und die Ballerinas betonen ihre langen Füße. Wenn man sie betrachtet, sieht man keine Frau, sondern ein von seiner inneren Zerrissenheit geschwächtes Geschöpf. Aber wenn sie lächelt …

Nachdem sie ihr die Haare gewaschen hat, fragt Clara Patrick um Rat. Ohne Madame Castanedas Brushing zu unterbrechen, antwortet er: »Ich würde eine Balayage machen und einen feinen Pony, um die Stirn zu kaschieren. Dann Föhnen, und wenn dann immer noch Volumen fehlt, vielleicht eine leichte Dauerwelle, aber nicht so gerichtsperückenmäßig, sondern dezent, ein bisschen wie das, was ich letzten Samstag bei Anne-Gaëlle gemacht hab, weißt du noch?«

Ungefähr das Gleiche hatte Clara auch im Kopf. Während sie Claudie beschreibt, was sie vorhat, sieht diese sie im Spiegel an und nickt bei jedem Satz. »Okay.« »Einverstanden.« Ihr ist alles recht. Ihr Blick sagt, dass es nicht auf die Frisur ankommt. Das Wichtigste ist, dass sie da ist. Sie sinkt tiefer in den Sitz, schlägt ihre ellenlangen Beine übereinander und lehnt sich zurück. Richard Cocciante überlässt passenderweise Roch Voisine den Platz.

J'ai pas voulu croire
Qu'un jour ton amour
Ferait demi-tour

»Oh, das gibt's doch nicht«, sagt Claudie mit einem Mal und richtet sich wieder auf. »Lesen Sie das etwa?«

Sie meint *Im Schatten junger Mädchenblüte*. Clara hat das Buch nach der Mittagspause auf dem Frisiertisch liegen lassen.

»Dieses Buch hat mir das Leben gerettet«, sagt Claudie und greift danach.

Claras Lippen verziehen sich von ganz allein zu einem breiten Lächeln. Wenn sie Augen im Hinterkopf hätte, könnte sie sehen, dass Nolwenn träge den Kopf gehoben hat, erstaunt über das ungewöhnliche Gespräch.

Claudie dreht das Buch um und betrachtet die Rückseite. Sie dreht es wieder zurück.

»Ein echtes Meisterwerk. Wo sind Sie gerade?«

»Noch ganz am Anfang. Als er mit Gilberte spielt.«

»Im Jardin des Champs-Élysées.«

»Genau.«

Clara zögert kurz, dann beugt sie sich vor und flüstert: »Übrigens bin ich mir bei einer Stelle nicht sicher, ob ich sie richtig verstanden habe. Als er mit Gilberte Verstecken spielt, da fällt er auf sie drauf, und dann, na ja …«

»Hat er einen Orgasmus. Ganz genau.«

Die Stimmen um sie herum ersterben. Patrick lacht gedämpft. Selbst Roch Voisine scheint auf einmal leiser zu singen.

Claudie wartet, bis die Geräuschkulisse sich wieder normalisiert hat, dann sagt sie: »Prousts Bücher sind total organisch. Es geht dauernd um den Körper, um Haut. Wenn Proust die Kleider der Leute so genau beschreibt, dann nur, damit wir uns die Körper darunter vorstellen können. Begehrte Körper. Deshalb erröten Prousts Figuren ja auch alle dauernd.

Gebannt lauscht Clara den Worten der Busfahrerin.

»Bald fährt er nach Balbec, das ist eine tolle Stelle, sie wird Ihnen gefallen … Ist *Im Schatten junger Mädchenblüte* Ihr erster, oder haben Sie schon einen der anderen Bände gelesen?«

»Ich habe mit *Auf dem Weg zu Swann* angefangen. Und Sie?«

»Oh, ich habe sie alle gelesen. Mehrmals. Manche Stellen lese ich immer wieder. Proust hat mir wirklich das Leben gerettet, das ist mein voller Ernst. Irgendwann erzähle ich Ihnen die ganze Geschichte …«

Behutsam, wie um den Nachklang dieses unerwarteten, aber freudigen Ereignisses nicht zu unterbrechen, legt sie das Buch wieder auf den Tisch. Dann lehnt sie sich in ihrem Sessel zurück und betrachtet Clara im Spiegel.

»Ich wusste, dass Sie nicht wie alle anderen sind.«

Sie hat das Gefühl, dass sie mit Proust plötzlich mehr sieht. Er zeigt ihr nicht nur die sichtbare Welt in ihrer unendlichen Vielfalt, sondern noch eine andere, weite und mächtige Welt, die sich hinter der ersten versteckt, ihr aber ihre Gesetze aufzwingt: die seelische, psychologische Realität. Und damit nicht genug. Proust lehrt sie das Prinzip der unwillkürlichen Erinnerung, er legt ihr die Hände auf die Schultern und dreht sie in die richtige Richtung, er erweitert ihr Blickfeld um eine neue, bislang unbekannte Dimension, die Dimension der Zeit. Wird die Vergangenheit unvergänglich, wenn sie in der Gegenwart fortbesteht? Ist die Erinnerung an das Erlebte wirklicher als das Erlebte selbst? Und warum erinnert man sich besser an die Dinge, je älter man wird?

Was für ein Geschenk. Das wird ihr eines Morgens klar, als sie hört, wie Nolwenn einer Kundin von *Les Marseillais à Dubaï* erzählt, einer komplett bescheuerten Reality-TV-Show, in der irgendwelche Leute aus Südfrankreich an die angeblich schönsten Orte der Welt geschickt werden, um ihr Glück zu machen. Die Zeit, die sie mit Proust verbringt, ist keine verlorene Zeit, sie stiehlt sie ihrer Intelligenz nicht, sie schenkt sie ihr.

aben Sie kurz Zeit, Clara?«

»Ja, ist alles in Ordnung?«

»Schon, es ist nur … Eben hat Madame Lopez angerufen. Sie wollte einen Termin ausmachen und hat darum gebeten, dass Nolwenn ihr die Haare schneidet.«

»Nolwenn? Aber Madame Lopez ist doch meine Kundin.«

»Darum geht es ja. Ich glaube, dass sie beim letzten Mal nicht zufrieden war.«

»Aber ich habe genau das Gleiche gemacht wie immer.«

»Nein, nein, ich meine nicht die Frisur. Sie haben ihr doch letztes Mal was von einem Typen erzählt, der Tee trinkt und in die Vergangenheit reist oder so.«

»Ach so, ja, ich habe ihr von Prousts Madeleine erzählt. Sie hatte noch nie davon gehört.«

»Sie lesen Proust?«

»Ja. Als ich Madame Lopez davon erzählt habe, hatte ich gerade *Auf dem Weg zu Swann* zu Ende gelesen. Jetzt bin ich beim zweiten Band, *Im Schatten junger Mädchenblüte*.«

»Aber warum?«

»Warum was?«

»Warum lesen Sie Proust? Lernen Sie für eine Prüfung?«

»Nein, nur so, für mich. Haben Sie ihn gelesen?«

»Ja. Beziehungsweise nein, aber das kommt aufs Gleiche raus.«

»Dann sollten Sie ihn lesen, ich glaube, dass es Ihnen gefallen könnte.«

»Bestimmt. Jedenfalls glaube ich, dass Madame Lopez deshalb nicht zufrieden war. Ich hab ihr angesehen, dass sie sich nicht wohlgefühlt hat. Vielleicht sollten Sie mit den Kundinnen besser nicht über Proust sprechen, die bekommen davon noch Komplexe.«

»Mit Claudie habe ich auch über Proust gesprochen, und die hat keine Komplexe bekommen. Sie hat mich sogar zu sich nach Hause eingeladen, damit wir in aller Ruhe über Prousts Bücher reden können.«

»Claudie?«

»Claudie Hansen. Die Busfahrerin. Sie sagt, dass Proust ihr Leben verändert hat.«

»Aber Sie gehen nicht zu ihr, um ihr die Haare zu schneiden?«

»Nein, nein, keine Sorge. Sie kommt viel zu gern in den Salon. Nein, wir werden nur über Proust sprechen und Tee trinken.«

Raymondes Geschichte, Fortsetzung

Als ich wusste, dass er grad nicht da war, bin ich schnell in den Schuppen, und da hab ich gesehen, dass er tatsächlich dort schlief. Er hatte sich eine Decke aus der Garage geholt und sich draufgelegt. Abends hab ich dann durchs Fenster gesehen, wie er zurückgekommen ist. Es tat mir ein bisschen leid, dass er da draußen schlafen musste, aber dann hab ich wieder die Chinesin vor mir gesehen, wie sie auf einem Bein hüpft und versucht, ihren Schlüpfer anzuziehen, und da war das Mitleid wieder weg. Er ist auch nicht auf mich zugekommen, er konnte sich wahrscheinlich denken, dass ich nicht grad gut auf ihn zu sprechen war. So ging das eine ganze Weile, ich im Haus, er im Schuppen, ohne dass wir ein Wort gewechselt hätten. Manchmal hab ich ihn gesehen, wenn er gekommen oder gegangen ist. Dann haben wir beide schnell den Kopf weggedreht. Nachts hab ich gehört, wie er sich in die Küche geschlichen und den Kühlschrank aufgemacht hat. Er hat sich Käse genommen und ein bisschen Schinken, wie eine Maus. Manchmal hat er auch Werkzeug aus der Garage geholt. Ungefähr einen Monat ging das so, und dann, eines Tages, kommt er zu mir. »Hör zu, Raymonde, so kann das nicht weitergehen, ich bin doch kein Hund, du musst mich wieder reinlassen.« Und weil ich schon eine ganze Weile darüber nachgedacht hatte, hatte ich eine Antwort parat. »Du kannst wiederkommen«, hab ich gesagt, »unter einer Bedingung. Vorher musst du mich noch was machen lassen.« Da hat er sich vor mir auf den Boden geworfen. »Alles, was du willst«, hat er gesagt und meine Beine umklammert, sodass ich beinah hingefallen wäre. Ich hab keine Zeit verloren. Am nächsten Morgen bin ich um Punkt zehn Uhr aus dem Haus und nach Saint-Marcel, das Wetter war schön, das weiß ich noch. Ich bin zu Blériot gegangen, dem Metzger. Ich hatte ordentlich Bammel, das kannst du mir glauben. Das Herz schlug mir bis zum Hals, und meine Knie haben so doll geschlottert, dass ich mich kaum auf den Beinen halten konnte. Aber als ich in den Laden geguckt hab, hab ich gesehen, dass Bernard, der Metzger, allein war. Keine Kunden und auch keine Spur vom Azubi. Das ist deine Chance, hab ich mir gesagt und bin reingegangen. Bernard guckt auf und sagt: »Ah, Raymonde, gut, dass du kommst, ich hab hier einen Kalbskopf vom Allerfeinsten, der wird dir bestimmt gefallen.« Und als ich nichts sage, fragt er mich, ob alles in Ordnung sei. »Ja, ja«, sag ich, »aber ich muss dich was fragen, und es ist keine leichte Frage.« Bernard antwortet: »Jetzt bin ich aber gespannt«, und stützt sich auf der Arbeitsplatte ab. »Schieß los.« Also guck ich ihm direkt ins Gesicht und sag: »Bernard, weißt du, wie lang wir uns jetzt schon kennen?« Die Frage überrascht ihn so, dass er nicht mal mit der Wimper zuckt. »Siebenunddreißig Jahre«, sag ich. »Nach siebenunddreißig Jahren, da kennt man sich doch, da vertraut man dem anderen, oder etwa nicht?« Er dreht den Kopf zur Seite, ohne mich aus den Augen zu lassen. »Raymonde«, sagt er, »du machst mir Angst, was ist los?« Also kratz ich all meinen Mut zusammen und frag ihn: »Tja, es ist so, ich würd gerne eine Nacht mit dir verbringen. Nur eine. Danach lass ich dich auch in Ruhe, versprochen.«

Schwierig ist Proust eigentlich nicht, nur anders.

Okay, er könnte ruhig öfter mal einen Punkt machen.

Trotzdem liest sie jeden Tag ihre dreißig Seiten, im Bus, in der Mittagspause und bevor sie schlafen geht. Proust ist nicht Harlan Coben, so viel steht fest, und bei der Konzentration, die Proust seinen Lesern abverlangt, sind dreißig Seiten schon eine Meisterleistung, vor allem für eine berufstätige Person.

ch glaub, ich leg mich kurz hin.«

»Was ist los?«, fragt ihre Mutter.

»Hast du was Falsches gegessen?«, überlegt ihr Vater.

»Ich bin unpässlich«, sagt Clara und reibt sich über den Bauch.

»Jetzt, da du es sagst; du bist ein bisschen blass.«

»Also kommst du nicht mit spazieren?«

»Nein, Papa, ich muss mich hinlegen.«

»Schade, dabei ist endlich mal schönes Wetter.«

»Yves, dräng sie nicht. Du weißt doch, dass Clara Bauchschmerzen hat, wenn sie ihre Tage bekommt.«

»Mama!«

»Was denn, man muss die Dinge beim Namen nennen.«

»Heute Morgen ging es dir doch noch gut«, sagt JB.

»Es hat ja auch grade erst angefangen.«

»Sollen wir nach Hause fahren?«

»Nein, nein, ich leg mich nur ein bisschen hin. Aber geht ihr ruhig spazieren.«

Im Zimmer stellt sie fest, dass sie das Wichtigste vergessen hat. Sie geht zurück ins Wohnzimmer, wo ihre Mutter gerade eine Geschichte erzählt, die Clara schon mindestens hundert Mal gehört hat, es geht um eine ehemalige Arbeitskollegin ihrer Mutter, die so starke Regelschmerzen hatte, dass sie sich zur Ablenkung in die Arme kniff, und zwar so fest, dass sie davon blaue Flecke bekam. Clara setzt eine leidende Mine auf und schnappt sich ihre Tasche. Zurück im Zimmer lehnt sie die Kissen an die Rückenlehne des Bettes, lässt sich hineinsinken und holt *Im Schatten junger Mädchenblüte* heraus. Sie seufzt erleichtert.

Ihre Periode hatte sie erst vor zehn Tagen. Aber sie hätte es keine Sekunde länger ertragen, ihren Eltern und JB dabei zuzuhören, wie sie über die Vorteile des Sparbuchs im Vergleich zur Lebensversicherung diskutieren, und noch viel weniger, gemächlich mit ihnen durch die Felder zu spazieren, obwohl bei Proust gerade der Baron von Charlus aufgetaucht ist – dick und fett wie eine Fliege, die sich auf einen Klumpen Mozzarella niederlässt.

Sie hat bereits festgestellt, dass ihr die besten Ideen immer auf dem letzten Teil der Busfahrt kommen, kurz nach der alten Brücke, da hat sie die klügsten und wichtigsten Einfälle – wahrscheinlich, weil ihr Gehirn weiß, dass ihm nur noch ein kurzer Moment der Freiheit bleibt.

Dieser Morgen ist keine Ausnahme. Als der Bus gerade die Saône überquert, schaut sie von ihrem Buch auf und denkt: Das Gespür für die Worte, für ihre Präzision und ihre Melodie, alles, was ihre Begeisterung für dieses Buch und seinen Autor ausmacht, das alles steckt schon immer in ihr. Bislang hat dieser Veranlagung einfach ein Bezugsobjekt gefehlt, sie war wie ein brachliegender Acker, bis sie mit der *Suche* begonnen hat.

Nein, das stimmt so nicht ganz. Letzten Endes war zwar das Buch der Auslöser, aber sie hätte genauso gut Schach spielen, Bonsai züchten oder Parfums kreieren können. In ihr schlummerte der Raum für eine aufregende, anspruchsvolle Leidenschaft. Der Raum für Intellektualität.

Am Anfang von *Der Weg nach Guermantes* erfährt sie, dass die Familie Proust umgezogen ist, in eine Wohnung, die zum Stadtpalais der Guermantes gehört. Es ist ein echter Schock. Am liebsten hätte Clara die alte Wohnung der Prousts nie wieder verlassen, vor allem nicht Françoises Küche. Die ganze Zeit hatte sie Angst, dass die Geschichte sie woanders hinführen würde. Beim Lesen ist etwas Magisches mit ihr passiert, und zum ersten Mal hatte sie den Gedanken, dass die fiktive Welt besser sein könnte als das echte Leben.

Ich passte in keine Schublade. Die ganze Welt lässt sich in irgendwelche Schubladen stecken, nur ich nicht, dabei habe ich es wirklich versucht. Ich fühlte mich wie eine Katze, von der man will, dass sie eine Gleichung mit zwei Unbekannten löst. Ich fing an, mich zu hassen. Irgendwann war ich total erschöpft. Es ist anstrengend, nicht man selbst sein zu können. Also schrieb ich einen Brief, in dem all das drinstand. Dann kippte ich eine ganze Dose Lexomil mit Cointreau herunter, legte mich aufs Bett und schlief ein. Aber meine Mutter muss etwas geahnt haben, ich hatte morgens noch mit ihr telefoniert. Sie hat dafür gesorgt, dass die Feuerwehr anrückte und die Tür eintrat, dabei wohnt die Frau sechshundert Kilometer weit weg. Ich wachte im Krankenhaus auf, gar nicht glücklich darüber, dass ich noch am Leben war. Meine Ex ist mich besuchen gekommen. Wir waren nicht mehr zusammen, trafen uns aber noch manchmal. Sie ist Antiquarin im Département Yonne, da, wo Colette aufgewachsen ist, weißt du? Sie lag mir schon seit Jahren in den Ohren, dass ich doch endlich Proust lesen solle. Dieses Mal hatte sie mir ein Exemplar von *Auf dem Weg zu Swann* mitgebracht. Ich weiß noch, dass auf dem Cover ein ziemlich scheußliches Aquarell war: ein kleiner Junge mit einer Tasse Tee und ein paar Madeleines. Eines schönen Herbstmorgens saß ich im Park des Krankenhauses auf einer Bank und schlug das Buch auf, und da ist es passiert. Ich war sofort hin und weg. Alles hat mich berührt. Diese Zartheit, dieser Sinn für Schönheit. Dieser Typ, der so sensibel ist, dass er völlig zurückgezogen lebt, der ganze Seiten mit Beschreibungen vom Einschlafen oder einem Weißdornbusch füllt. Er suchte genauso erfolglos wie ich nach seinem Platz in der Welt. Ich war nicht mehr allein. Ich war gerettet.«

Claudies Haus passt zu ihr. Ein ebenerdiges Holzhaus, das den Eindruck erweckt, als sei es nicht auf einmal, sondern im Lauf der Zeit zufällig so entstanden. Tatsächlich hat Claudie einen Großteil des Hauses selbst gebaut, wie Clara später herausfinden sollte. Die Zimmer liegen dort, wo man sie am wenigsten erwartet, sie sind geräumig, man geht gern hindurch und hält sich ebenso gern darin auf. Es gibt viele Sofas und Sessel, auf denen unzählige Kissen liegen. Auch Katzen gibt es einige, sie lassen sich streicheln – im Gegensatz zu gewissen anderen Katzen – und antworten sogar, wenn man mit ihnen spricht. Es riecht nach Orange und Zedernholz, an den Fenstern hängen gelbe Vorhänge. Ein bisschen wie in einem Haus in den Hills von Los Angeles, Anfang der Siebzigerjahre.

Claudie sitzt mit angewinkelten Beinen zwischen zwei dicken Paisley-Kissen, sie hat einen großen Pullover mit Rautenmuster an, den sie als Kleid trägt. Sie strahlt. Sie will nicht verführerisch aussehen, so viel hat Clara inzwischen verstanden, es reicht ihr völlig, Frau zu sein. Ein kleiner Hund undefinierbarer Rasse mit einem Augenproblem schmiegt sich an sie. Er hat den Kopf auf die Vorderpfoten gebettet und starrt ins Leere, er wartet auf den Schlaf.

»Je mehr man liest, desto besser gefällt es einem, geht dir das auch so?«

»Ja, total«, sagt Clara. »Weil man sich an seinen Rhythmus gewöhnt. Am Anfang denkt man: Wann hört der Satz endlich auf, ich verstehe überhaupt nichts mehr. Aber das liegt daran, dass man zu schnell liest, und das ist ein Fehler. Mit Proust muss man sich Zeit lassen, Pausen machen. Wenn ich jetzt lese, habe ich das Gefühl, dass ich ihn sprechen höre.«

»Eine echte Proustianerin … Und sein Humor? Findest du ihn auch so witzig?«

»Und wie! Er schreibt total bildlich, manchmal habe ich das Gefühl, einen Film zu gucken. Zum Beispiel als er aus der Kutsche steigt, weil er auf dem Bürgersteig dieses Mädchen gesehen hat, und plötzlich vor der Verdurin steht, die denkt, dass er sich wegen ihr so beeilt hat.«

»Stimmt, die Stelle ist genial. Und es wird immer lustiger, mach dich drauf gefasst. Hast du schon mit *Der Weg nach Guermantes* angefangen?«

»Ja, und der Anfang hat mir auch gefallen, aber dann hatte ich irgendwie Lust, *Auf dem Weg nach Swann* noch mal zu lesen. Ich weiß auch nicht genau, warum.«

»Das passiert bei so einem komplexen Buch. Man hat das Bedürfnis, die Zeit zurückzudrehen. Wahrscheinlich um sicherzugehen, dass man nichts übersehen hat. Jedenfalls bin ich mir sicher, dass du *Guermantes* lieben wirst, es gibt so viele witzige Szenen aus dem Salon.«

Als ob der Hund Claudies letzte Bemerkung verstanden hätte, hebt er den Kopf, fängt an zu kläffen, springt vom Sofa und rast los. Clara dreht sich um und sieht, wie er stürmisch eine Frau begrüßt, die gerade ins Zimmer gekommen ist. Sie ist um die sechzig, trägt eine Brille mit runden Gläsern und hat grau melierte, wild vom Kopf abstehende Haare.

»Clara, das ist Michèle, meine Frau«, sagt Claudie und streckt die Beine aus. »Ihr kennt euch noch nicht, oder?«

Ach ja, Claudies Frau. Irgendwie hatte Clara dieses Detail ganz verdrängt, sie hatte einfach angenommen, dass die Beziehung mit Claudies Verwandlung in die Brüche gegangen war.

»Wie hübsch Sie sind«, sagt Michèle zu Clara und legt die Hand an ihre Wange. »Sie sind also die Proust lesende Friseurin. Sie müssen mir unbedingt Ihr Geheimnis verraten. Ich schaffe es einfach nicht, ich schlafe jedes Mal dabei ein.«

»Sie sieht nur den vornehmen Schriftsteller«, sagt Claudie. »Ich hab ihr schon tausendmal gesagt, dass das nicht stimmt.«

»Mich stört einfach, dass er schön in seinem warmen Bett geblieben ist und Geschichten über eine Herzogin geschrieben hat, während sich eine ganze Generation in den Gräben niedermetzeln ließ.«

»Er hatte Asthma, Michèle, er konnte kaum aufstehen

und die Treppe hinuntergehen. Von seiner Hypersensibilität ganz zu schweigen. Er ist bei jeder Kleinigkeit in Ohnmacht gefallen, man brauchte nur mit einem Löffel gegen ein Wasserglas zu schlagen, wie soll er da bitte schön in den Krieg ziehen? Nein, er hat der Menschheit einen weitaus größeren Gefallen getan, indem er dieses Meisterwerk der Weltliteratur erschaffen hat.«

Clara beobachtet den Schlagabtausch – es ist genau wie beim Tennis.

»Dann hätte er wenigstens darüber schreiben können.«

»Worüber?«

»Na, über den Krieg. Und über die Lebensbedingungen der Arbeiter damals, darüber, dass man Kinder in die Fabriken schickte.«

»Er spricht über den Krieg. In *Die wiedergefundene Zeit* geht es um nichts anderes. Und wenn du was zum Leben der Arbeiter lesen willst, dann guck bei Zola oder Louise Michel, die machen das beide sehr gut. Ich glaube nicht, dass Proust über etwas anderes geschrieben hätte, selbst wenn er arm gewesen wäre. Er hätte sich trotzdem für die Engstirnigkeit und Heuchelei der Menschen interessiert.«

»Sie hat auf alles eine Antwort«, sagt Michèle an Clara gewandt und berührt sie an der Schulter. »Sie bleiben zum Essen.«

»Ähm, ich …«

»Keine Widerrede. Ich habe Tomaten und Feta vom Markt, daraus mache ich einen griechischen Salat. Und dazu selbst gebackenes Brot, das müssen Sie unbedingt probieren.«

Sie betrachtet ihre Frau, und als sie sieht, dass alles an seinem Platz ist, sowohl im Wohnzimmer als auch in ihrem Leben, geht sie hinaus, den einäugigen Hund auf den Fersen.

Clara dreht sich wieder zu Claudie um, die sich gerade aus den Kissen stemmt.

»Komm, ich zeig dir was.«

Sie gehen nach nebenan in eine Art Kammer, in der ein einfaches Damenrad steht, von dort in eine Bibliothek mit niedrigen Decken und Wänden voller Regale, die sich unter dem Gewicht von Büchern, Langspielplatten und CDs biegen. Claudie steuert die CDs an.

»Was hast du gesagt, welchen Band liest du gerade noch mal?«

»*Auf dem Weg zu Swann.*«

»*Auf dem Weg zu Swann*«, wiederholt Claudie und zieht die entsprechende Hülle aus dem Regal.

Ohne ein weiteres Wort führt sie Clara wieder ins Wohnzimmer. Durch eine schmale Glastür treten sie hinaus auf eine Veranda, von der man die hügelige Landschaft überblickt, die erst abfällt, ein Stück weiter wieder ansteigt und im Nebel verschwindet, aus dem nur ein Kirchturm herausguckt, um den sich ein paar Ziegeldächer ducken. Claudie lässt ihren Gast ein paar Augenblicke allein, dann kommt sie mit zwei Heineken und einem kreisrunden CD-Spieler zurück. Sie hält Clara ein

Bier hin, zündet sich eine Zigarette an, legt die CD ein. Dann lässt sie sich in einen der Korbsessel sinken, legt die Füße auf der Balustrade ab, betrachtet die Landschaft und wartet.

Und dann, in diesem entlegenen Winkel des Saône-et-Loire, vor einem sich langsam rosa färbenden Himmel und dem Gesang einer besonders begabten Amsel, beginnt die angenehm warme, freundliche Stimme von André Dussollier ihnen Proust vorzulesen.

Als sie in der Badewanne liegt, stößt sie auf folgenden Satz, sie muss ihn fünf Mal lesen, bevor sie ihn versteht: *Das genügte schon, um in ihm die alte Herzensangst zu wecken, jenen beklagenswerten und widersprüchlichen Auswuchs seiner Liebe, der Swann von dem fernhielt, was sie zu erlangen suchte (die wahren Gefühle, die diese junge Frau für ihn hegte, die verborgene Sehnsucht ihrer Tage, das Geheimnis ihres Herzens), denn diese Herzensangst schob zwischen Swann und die, die er liebte, einen Trümmerhaufen älterer Verdächtigungen, die ihre Ursache in Odette hatten oder auch in denjenigen, die Odette vorausgegangen waren, und die es dem gealterten Liebhaber nicht mehr gestatteten, seine Geliebte anders wahrzunehmen als durch das alte, kollektive Phantom der »Frau, die seine Eifersucht erregte« hindurch, in dem er ohne jeden Grund seine neue Liebe hatte Fleisch werden lassen.*

Das bedeutet, dass Swann gar nicht anders kann, als eifersüchtig auf seine neueste Flamme zu sein, auch wenn es gar keinen Grund dafür gibt, und zwar deshalb, weil er vorher schon auf andere Frauen eifersüchtig war, vor allem auf Odette.

Sobald Clara den Satz einmal verstanden hat, scheint er ihr glasklar. So klar, dass sie sich sicher ist, dass man Swanns Gefühle mit anderen Worten niemals so gut, so präzise hätte ausdrücken können.

Erst ist ihr aufgefallen, dass Nolwenn sich manchmal ein bisschen wie Prousts Françoise verhält. Dann hatte sie das Gefühl, dass auch Madame Habib mit ihren snobistischen Anwandlungen, ihren Sprachticks und Gesten und ihrem Melancholischer-Frosch-Blick direkt aus dem Buch gefallen sei. Und schließlich versteht sie: Dieses Buch ist so monumental, es handelt von so vielen verschiedenen Dingen, dass es quasi unmöglich ist, die Welt nicht mit Prousts Augen zu sehen, sobald er sie einem einmal geöffnet hat. Plötzlich wird jedes Detail proustianisch. Die Blütentrauben der Glyzinie, das Violett der Blüten auf dem Grün der Blätter. Die Staubkörner im Licht des Sonnenstrahls, der wie eine Klinge durch den dunklen Raum schneidet. Und Annick, ihre Mutter, die jedes Mal, wenn sie fotografiert wird, den Kopf mit leicht geöffnetem Mund zur Seite dreht, als würde genau in diesem Moment jemand abseits der Szene nach ihr rufen. Proustianisch eben …

Weil sie Proust vor dem Schlafengehen liest, hat sie, wenn sie die Augen schließt, oft Bilder von Blumen im Kopf. In der Sonne leuchtende Kapuzinerkresse, nach Mandeln duftende Weißdornhecken, Apfelblüten, die im Frühlingsregen schaukeln. Flieder, wie am Eingang zu Swanns Park, Veilchensträuße, wie an Odettes Mieder, pennsylvanische Rosen wie in Balbec, Vergissmeinnicht, Klatschmohn, Immergrün. Die Farben begleiten sie bis in ihre Träume, die ebenfalls unter Prousts Zauber stehen und noch nie so weit, so fantasievoll waren.

Sie notiert ihre Leseeindrücke, wie Claudie es ihr empfohlen hat. In dem kleinen, rosafarbenen Notizbuch steht:

— *In diesem Buch verbringen die Leute ihre Zeit damit, den anderen nachzuspionieren. Swann bespitzelt Odette, Marcel bespitzelt Gilberte und die Herzogin von Guermantes.*
— *Der Name »Guermantes« ist wie ein Ballon, und wenn man ihn zum Platzen bringt, strömt die ganze Welt von Combray heraus.*
  Wir tun Dinge aus anderen Gründen, als wir glauben.

Sie notiert auch Sätze, die sie aus irgendeinem Grund berührt haben:

— *»Es wehte ein feuchter, sanfter Wind.«*
— *»Er war sich darüber klar, dass Odettes Vorzüge es keineswegs rechtfertigten, dass er den Augenblicken, die er in ihrer Nähe verbrachte, so hohen Wert beimaß.«*
— *»Denn ein Ereignis, das wir herbeisehnen, kommt niemals so, wie wir uns das gedacht hatten, Umstände bleiben aus, mit denen wir glaubten rechnen zu dürfen, andere, die wir nicht erwarteten, stellen sich ein, das Ganze gleicht sich aus.«*

– »Man empfängt die Weisheit nicht, man muss sie selbst ent-
decken, auf einem Weg, den uns niemand abnehmen, den uns
niemand ersparen kann, denn sie besteht in einer bestimmten
Sicht der Dinge.«

– »Das Dasein ist außer an jenen Tagen kaum von Interesse, an
denen der Staub der Wirklichkeit mit Zaubersand vermischt
ist.«

– »... an denen der Staub der Wirklichkeit mit Zaubersand vermischt ist.«

P *roust.* Lange war das für sie nur einer dieser legendären Namen gewesen, wie die Namen gewisser Orte – Capri oder Sankt Petersburg zum Beispiel –, wohin sie niemals einen Fuß setzen würde.

Worte waren noch nie seine Stärke gewesen, vor allem nicht, wenn er etwas Wichtiges sagen will. Garantiert hat er sich vorbereitet, vielleicht hat er seinen Satz unten vor dem Haus in seinem SUV sogar laut aufgesagt, bevor er hochgekommen ist. Sie merkt es an seinem Gesichtsausdruck, seinem Blick, an der Art, wie er sich ausdrückt – nichts davon ist natürlich. Obwohl er sich Mühe gibt, ist es ein Schock. Es ist nicht der richtige Augenblick. Ein strahlender Ostermontag nach zwanzig langen Regentagen. Clara hat es eilig, mit dem Bügeln fertig zu werden, um endlich zu ihrer Schwester fahren zu können und dort auf der Terrasse *Der Weg nach Guermantes* zu lesen – einen besseren Platz zum Lesen gibt es nicht.

JBs Ansage: »Clara, ich muss dir etwas Unschönes sagen. Es ist so, ich habe jemanden kennengelernt, und ich würde gerne einen Teil des Weges mit ihr gehen.«

Dann ein Blick zu seiner Hosentasche, aus der das furchtbare Intro von *The Final Countdown* erklingt, das er letztens bei einem Monster Jam gehört und zu seinem Klingelton auserkoren hat. Sein Zögern ist deutlich spürbar, er scheint zu überlegen, ob er rangehen soll.

»Willst du …?«, fragt Clara.

»Nein, nein, ich ruf später zurück.«

»Nein, ich meinte: Willst du, dass wir uns trennen?«

»Ach so. Ja. Genau.«

Was für eine Katastrophe, sie verstehen sich nicht, sprechen nicht die gleiche Sprache, im Grunde haben sie von Anfang an nicht richtig miteinander kommuniziert.

Er wartet, bis das Klingeln aufhört, dann sagt er: »Ich werde dich immer lieben, das verschwindet nicht einfach, aber für den Moment möchte ich den Weg mit jemand anderem gehen.«

Diesen Satz zum Beispiel hat er sich garantiert vorher zurechtgelegt, vielleicht kommt er sogar von der Frau, mit der er »einen Teil des Weges gehen möchte«. »Sag ihr, dass du sie immer lieben wirst, dann geht es besser runter.«

Clara verschränkt die Arme vor der Brust, dann löst sie eine Hand und legt sie an den Hals. JB fragt, ob alles in Ordnung ist.

»Doch, es ist nur … Ich bin ein bisschen überrascht.«

»Wir haben schon ewig nicht mehr miteinander geschlafen.«

Sie wusste, dass er davon anfangen würde.

»Ich habe gezählt«, sagt er. »Es ist zehn Monate her. Zehn Monate, Clara …«

»Ich weiß.«

»Ich bin fünfundzwanzig und du dreiundzwanzig.«

»Ich weiß.«

Es ist ein bisschen so, als würde sie einer Rakete beim Starten zusehen. Vor ihr geschieht etwas, um sie herum grollt und brennt es, aber sie selbst bleibt still, unverändert, sie fühlt sich nicht anders als sonst, nur ist ihr vielleicht ein bisschen wärmer. Sie verspürt weder das Bedürfnis zu weinen noch nach dem erstbesten Gegenstand zu greifen und ihn JB entgegenzuschleudern, sie will sich noch nicht einmal hinsetzen. Ihr schießt der Gedanke durch den Kopf, dass er wenigstens bis heute Abend hätte warten können, jetzt wird sie sich niemals aufs Lesen konzentrieren können. Sie sieht zu ihm auf und fragt mit interessierter, aber neutraler Stimme, so wie man einen Kellner nach den Zutaten des Thunfischsalats vor einem fragt: »Wer ist sie?«

Da er diese Information anscheinend für sich behalten will und weil er von Natur aus sanftmütig ist, schließt er nur sacht die Augen.

»Du kannst es mir ruhig sagen«, wiederholt Clara. »Ich werde ihr schon nicht schreiben. Du kennst mich doch, das ist nicht meine Art. Ich hab nur keine Lust, es zufällig herauszufinden, wenn ich ihr die Haare schneide.«

»Sie geht nicht hier zum Friseur. Sie geht nach Beaune.«

»Sie kommt aus Beaune?«

JB antwortet mit einem Kopfnicken.

»In Beaune hast du doch einen Vortrag in der Schule gehalten. Ist sie Lehrerin? Hast du sie kennengelernt, als du ihre Klasse besucht hast? Sag mir nur, ob ich recht habe, dann frag ich auch nicht weiter.«

Er sagt nichts, aber an seinem schuldbewussten Blick erkennt sie, dass sie ins Schwarze getroffen hat. Gefühle zu verbergen, ist auch nicht gerade seine Stärke.

sabelle Audoin. So heißt sie. Sie hat den Namen nicht von JB, den hat sie nicht mehr gesehen, seit er ihr gesagt hat, dass er sich trennen will. Er ist noch am selben Nachmittag ausgezogen, er hatte an alles gedacht, alles geplant. Nein, sie hat den Namen im Internet gefunden, ganze sechs Minuten hat es sie gekostet – den Computer hochzufahren, hat länger gedauert als die Recherche selbst. Sie wusste noch, dass JB in einer Weinbauschule in Beaune einen Vortrag über seinen Beruf gehalten hat. Es gibt nur eine Weinbauschule in Beaune, an der ein knappes Dutzend Lehrer arbeitet, von denen zwei weiblich sind. Auf der Internetseite der Schule findet man nicht nur ihre Namen, sondern auch dazugehörige Fotos, mit Weinbergen im Hintergrund. Catherine Cucq ist groß, schlank und fit wie ein Turnschuh. Sie sieht so aus, als würde sie den Jakobsweg wandern. Allerdings ist sie um die fünfzig, mit kurzen Haaren und hervorstehenden Knochen. Nicht JBs Typ, ganz im Gegensatz zu Isabelle Audoin, die deutlich jünger ist und einen perfekten Knochenbau hat, wie Patrick sagen würde. Sie sieht aus, als sei sie gern an der frischen Luft und als wisse sie, wie man mit Jugendlichen umgeht. Kein Zweifel, das ist sie. Sie ist auf die gleiche Art schön wie

Clara, nur in dynamisch, weniger romantisch. Auf der Webseite steht zwar nicht, von wann das Foto ist, Clara weiß also nicht, ob es wirklich aktuell ist, aber sie findet, dass Isabelles triumphierender Gesichtsausdruck sagt: Ich habe etwas mit einem Feuerwehrmann, der genauso schön ist wie Flynn Rider, ich hatte noch nie so oft Sex in meinem Leben und habe mich noch nie so toll gefühlt.

Es ist eine verrückte Zeit, eine Zeit der Prüfungen.
    Erst JBs Ansage und dann auch noch Madame Bach,
alles innerhalb einer Woche. Madame Bach ist groß, hat
lange, graue Haaren und eine Brille, mit der sie aussieht
wie eine Fliege. Früher, zu Audreys Zeiten, kam sie regelmäßig in den Salon, irgendwann dann nicht mehr. Ge-
wundert hat das aber eigentlich niemanden, Madame
Bachs Veränderung war ihnen nicht entgangen. Eines Tages haben sie herausgefunden, dass sie ins Vergissmeinnicht gezogen war, ein Altenheim in der Gegend. Madame
Habib hat Madame Bachs Akte aus dem Kartenständer
genommen, wie sie es tut, wenn eine Kundin stirbt, und
sie haben die baumlange Frau, die sich am Ende wie eine
schmelzende Kerze zur Seite neigte, nach und nach vergessen.

    Bis zu diesem Morgen. Kurz nachdem der Salon auf-
gemacht hatte und Lorraine auf ihren Barhocker geklet-
tert war, haben sie Madame Bach auf dem Bürgersteig
vor dem Salon entdeckt, wie sie verloren ins Schaufenster starrte. Nolwenn hat sie als Erste bemerkt, als sie von
ihrem Handy aufsah.

    »Ach du Scheiße!«

    Ach du Scheiße, weil Madame Bach unter ihrem grauen

T-Shirt mit dem grünen Dreieck der Baumarktkette Leroy Merlin nichts anhatte.

Kein Kleid, keine Hose, keine Strumpfhose und auch keinen Schlüpfer. Bei ihrem Anblick haben sie sofort verstanden, was passiert war: Madame Bach war aus ihrem Bett im Vergissmeinnicht aufgestanden und auf direktem Wege zum Salon gelaufen, ohne sich vorher anzuziehen – an Klamotten hatte sie ganz offensichtlich keinen Gedanken verschwendet.

Madame Habib ist hinausgegangen und hat ihr einen Kittel um die Schultern gelegt. Sie hat sie hineingeführt und auf einen der hinteren Stühle gesetzt, wo für gewöhnlich Nolwenn arbeitet. Madame Bach schien weder die Fragen zu hören, die sie ihr stellten, noch zu bemerken, dass ihre Hand ein Wasserglas hielt. Sie betrachtete die drei Frauen um sie herum mit einem Anflug von Verwunderung in den Augen.

Wie war sie bis zum Salon gekommen? Warum hatte ihr Unterbewusstsein sie ausgerechnet hierhin geschickt? Vielleicht handelte es sich einfach um einen Irrtum: Ihr Gehirn hatte die Zeit um ein paar Jahre zurückgedreht, bis zu einem Morgen, an dem sie einen Friseurtermin gehabt hatte.

Madame Habib rief das Altenheim an, wo man ihr bestätigte, dass Madame Bach in letzter Zeit immer häufiger »ausging«. Während sie darauf warteten, dass jemand kam, um sie abzuholen, fragte Jacqueline Madame Bach, ob sie wolle, dass sie sich um ihre Haare kümmerten. Weil sie keine Antwort bekam, beschloss sie, Madame Bach die Haare zu waschen. Und da weder Nolwenn noch Clara Zeit hatten, nahm sie ihre Armreifen ab, schob die Ärmel ihrer cremefarbenen Satinbluse hoch und träufelte Shampoo auf Madame Bachs Kopf.

Klar, dass Proust vorübergehend in den Hintergrund gerät. Sie muss dauernd an JB und Isabelle Audoin denken, auch während der Busfahrten, sodass das Buch ein paar Wochen auf dem Grund ihrer Tasche schlummert. Aber dann, eines schönen Sonntagnachmittags, an dem sie eigentlich mit ihren Eltern ins Museum für Fotografie wollte, um eine Ausstellung zu den Waschhäusern der Bourgogne zu besuchen, beschließt sie, zu Hause zu bleiben, und öffnet zum ersten Mal wieder *Der Weg nach Guermantes*. Marcel feiert sein Comeback. Seine strahlende Intelligenz und sein Scharfsinn sind sofort wieder da, sie fragt sich, wie sie es so lange ohne ihn ausgehalten hat. Sie liest gierig. Prousts Worte haben eine tröstliche Wirkung auf sie, ähnlich wie Sonnenschein oder Schokolade, vielleicht sogar noch besser, und sie verschlingt ganze hundertfünfzig Seiten in drei Tagen.

Wenn jemand ohne Vorwarnung nach dreieinhalb Jahren gemeinsamen Lebens plötzlich verlassen wird, sagt man selten: »Du solltest unbedingt *Der Weg nach Guermantes* lesen.« Man rät dieser Person eher, sich im Fitnessstudio anzumelden oder sich eine Katze anzuschaffen. Dabei ist das ein Fehler. Also nicht das Fitnessstudio oder die Katze, sondern Proust nicht zu lesen. Auch wenn die

Suche nach der verlorenen Zeit nicht gerade ein Ratgeber für schmerzhafte Trennungen ist, versteht Marcel es wie kein anderer, seine verlorenen Leser zu trösten. Erstens, weil seine Bücher klüger machen, was ja schon mal nicht nichts ist, und zweitens, weil er uns zeigt, dass die Liebe gar nicht existiert, dass sie nur eine Einbildung unseres Gehirns ist, eine Antwort auf den Frust der Existenz, auf die Angst davor, verlassen zu werden, dass die Person, die wir zu lieben glauben, in Wirklichkeit ganz anders ist, dass wir sie lieben, weil sie unerreichbar für uns ist, und sobald wir sie erobert haben, wissen wir nicht mehr, warum wir sie überhaupt begehrt haben, er zeigt uns, dass wir letzten Endes sowieso allein sind und dass wir in einer Beziehung entweder leiden oder uns zu Tode langweilen.

Bei der Lektüre wird jeder Anflug von Sehnsucht nach JB pulverisiert, noch bevor er Form annehmen kann, genau wie die Raumschiffe des galaktischen Imperiums am Ende von *Die Rückkehr der Jedi-Ritter*. Und wenn die Nostalgie sich trotz allem, trotz Proust, einen Weg in ihr Herz bahnt, dann denkt sie einfach an die letzten zehn Monate ihrer Beziehung, in denen sie sich nicht mehr berührt haben, an JBs großen, blassen Körper, auf den sie in letzter Zeit genauso viel Lust hatte wie ein Vegetarier auf gekochte Schafsfüße, oder an ihr Bedürfnis, allein in einen abgeschiedenen Winkel aufs Land zu fahren, um in Ruhe lesen zu können, ohne von den Geräuschen der Playstation oder den wiederholten Fragen nach Zeitpunkt und Zusammensetzung der nächsten Mahlzeit gestört zu werden.

Am schlimmsten sind – wie so oft bei großen persönlichen Veränderungen – die Reaktionen der anderen. Ihre Mutter zum Beispiel, die die Trennung so sehr mitnimmt, als wäre sie selbst verlassen worden. Mehrere Wochen lang befindet sie sich in einem panikartigen Zustand und schickt Clara völlig konfuse Nachrichten, die meistens mit *Ich habe nachgedacht* anfangen. *Ich habe nachgedacht. Ich glaube, du solltest ihm einen Brief schreiben und ihm sagen, dass jeder im Leben eine zweite Chance verdient hat (wichtig!) und du ihn gerne noch mal sehen würdest, um in Ruhe über alles zu sprechen.* Auf die Panik folgt Verwirrung. Eigentlich sollte eine Magnesiumkur Abhilfe schaffen, aber letzten Endes hilft erst Annicks Ausflug mit ihrer Wandergruppe. Zwischen Millau und der Tarn-Schlucht wird sie das Projekt JB als Schwiegersohn genauso schnell los, wie man eine Orangenschale wegwirft.

Und dann natürlich Madame Habib. Clara hat ihr nicht sofort Bescheid gesagt, erst als sie ein paar Wochen später gemeinsam den Salon zuschließen, erzählt sie es ihr. Jacqueline lauscht mit großen, traurigen Augen und vor Ergriffenheit bebenden Lippen. Claras Worte scheinen Erinnerungen in ihr zu wecken, vor ihrem inneren Auge spielt sich die eine oder andere eigene Trennung ab. »Aber … Was machen Sie denn jetzt?«, fragt sie, als hätte Clara ihr soeben eröffnet, dass sie ihr gesamtes Hab und Gut bei einem Feuer verloren habe. Dann zündet sie sich eine Zigarette an und sagt mit einem resignierten Seufzer wie eine Betrunkene: »Man sollte ihnen den Schwanz abschneiden.«

Als sie sich eines Abends die Szene in der Schule in Beaune ausmalt, tut es trotzdem ganz schön weh. Sie stellt sich die ersten Blicke vor, die ersten Worte, die JB und Isabelle Audoin gewechselt haben, als klar war, dass ihre Beziehung nicht professionell bleiben würde, als Clara noch nichts von alldem geahnt hat. Wo es wohl passiert ist? Im Klassenraum nach dem Unterricht? Im Auto? Beim ersten oder beim zweiten Treffen? Clara kann sich JBs Gesten vorstellen, seine anfängliche Behutsamkeit, aus der irgendwann Ungeduld wird, sie weiß, wie sich seine Stimme verändert, wie sein Mund schmeckt, sein Körper riecht. Hat er Isabelle Audoins Fußsohlen geküsst, wie er es bei Clara so oft gemacht hat? Hat er ihren großen Zeh mit den Lippen umschlossen?

Sie steht auf, geht ins Badezimmer, nimmt eine halbe Lexomil und legt sich wieder hin.

Warum stört sie die Abwesenheit eines Menschen, dessen Gegenwart ihr lästig war? Warum tut es weh, ihn nicht mehr bei sich zu haben, obwohl sie ihn doch gar nicht mehr wollte? Was genau fehlt ihr eigentlich? Sie will ihn ja nicht mal wirklich zurück …

Liebe ist nicht immer Liebe. Und wenn sie geht, verschwindet sie nicht. Clara starrt an die Decke, stellt sich vor, wie Proust diese Worte schreibt, und entspannt sich. Sie kann hören, wie er sagt: »Man muss auch die guten Seiten sehen. Jetzt hast du das Bett für dich allein.« Sie ist sich beinah sicher, dass er im Sessel gegenüber sitzt, den Kopf in die Hand gestützt, genau wie auf dem berühmten Foto. Sie bräuchte sich nur aufzurichten. Sie traut sich kaum zu blinzeln.

Am nächsten Morgen ist alles weg, sowohl der Schmerz als auch Prousts Geist.

Wie gesagt, Claras Mutter heißt Annick, und ihr Vater Yves. Annives und Yck hat ihr Onkel Jacques früher gesagt. Clara hat diesen Namensdreher immer lustig gefunden, und Annicks lakonischer Bruder war für sie lange der Inbegriff von Witz und Ironie gewesen. Auch Annick und Yves lächeln noch heute darüber, aber JB hat der Geschichte noch nie etwas abgewinnen können. Annives und Yck, nein, wirklich, er verstand nicht, was daran so lustig sein sollte.

Diese Anekdote kommt Clara jetzt, wo JB weg ist, wieder in den Sinn, wie ein Stück Holz, das an die Oberfläche treibt, weil nichts mehr es am Grund hält. Und nein, es ist kein unbedeutendes Detail, wie man vielleicht meinen könnte, im Gegenteil, es zeigt ganz genau, dass sie nicht auf einer Wellenlänge waren, ihre Gedanken nicht die gleichen Wege gingen.

Vorsorglich bestellt sie in der Buchhandlung schon mal *Die Gefangene*, obwohl sie mit *Sodom und Gomorrha* noch gar nicht fertig ist.

»Lesen Sie alle Bände?«

Sie mag den Buchhändler. Mit seiner beruhigend normalen Art erinnert er sie ein bisschen an Ned Flanders, den Nachbarn der Simpsons. Eine französische und eindeutig attraktivere Version von Ned Flanders allerdings, mit einer Buchhandlung, in der Schwarz-Weiß-Porträts von Beckett, Faulkner und Le Clézio hängen.

»Ja, von Anfang an.«

»Fürs Studium? Oder einfach nur so?«

»Einfach nur so. Weil es mir gefällt.«

Er macht ein beeindrucktes Gesicht.

»Ich kenne nicht viele junge Leute, die einfach nur so Proust lesen. Kein Wunder, seit TikTok können sie sich ja auch keine fünf Sekunden mehr konzentrieren.«

Zerstreut tippt er etwas in seinen Computer.

»Dabei ist Proust unschlagbar. Eigentlich ist die gesamte Literatur des zwanzigsten Jahrhunderts unschlagbar. Proust, Céline, Colette …

Clara lächelt, sie ist in ihrem Element.

»Lustig, diese Schriftstellerinnen, die nur ihre Vornamen benutzt haben.«

Hinter ihr erklingt ein Geräusch, als würde sich jemand schnäuzen. Es kommt von der Kundin, die hinter Clara in der Schlange steht und bei ihrer Bemerkung in prustendes Gelächter ausgebrochen ist. Wenn Clara sich umdrehen würde, würde sie eine Frau mit dicken Brillengläsern, Wischmopp-Frisur und hämischem Gesichtsausdruck sehen, die sich jetzt schon darauf freut, ihren Freundinnen später zu erzählen, was dieses Dummchen im Buchladen gesagt hat.

Flanders hält inne, beugt sich zu Clara vor und sagt: »Céline hieß mit Vornamen Louis-Ferdinand.«

So rot ist Clara schon seit der Schulzeit nicht mehr geworden.

»Wie auch immer«, sagt der Buchhändler, um die Situation zu entschärfen. Er wendet sich wieder seinem Computer zu und fragt: »Soll ich Ihnen eine SMS schicken, wenn das Buch da ist?«

Lorraine hat endlich einen Therapeuten gefunden. Marc Vauzelle, in Dijon. Den zahlt die Krankenkasse zwar auch nicht, aber er passt den Tarif an das Einkommen seiner Patienten an. Und die erste Sitzung ist umsonst. Gestern war Lorraine zum ersten Mal dort, und heute Morgen im Salon spricht sie von nichts anderem. Ist sie vielleicht verknallt? Nein, eher aufgekratzt. Und gesprächig. »Er sagt, dass die Schwindelanfälle eine verschlüsselte Nachricht meines Unterbewusstseins sind und dass wir sie zusammen entschlüsseln werden.« Madame Habib kommentiert Lorraines Sätze mit einem diskreten »Hmm« – das ist neu. »Und weil ich keinen blassen Schimmer hatte, wo wir anfangen sollen, hat er vorgeschlagen, dass ich ihm von meiner Mutter erzähle. Und ich so: ›Ich wüsste nicht, was meine Mutter mit meinen Schwindelanfällen zu tun haben soll.‹ Aber dann hab ich sie vor mir gesehen, ihr schmales Vogelgesicht am Ende, und da musste ich plötzlich anfangen zu heulen, das kannst du dir nicht vorstellen.« Bei diesen Worten legt sie Madame Habib die Hand auf den Arm. »Ich konnte gar nicht mehr aufhören.«

Sie hat noch nie so viel gelesen. Vor allem abends. Im Moment kommt es nicht selten vor, dass sie erst um zwei Uhr das Licht ausmacht, sogar unter der Woche. Vielleicht, weil sie beim Lesen vergisst, dass sie jetzt allein ist. Oder einfach, weil sie mehr Zeit für sich hat. Jedenfalls sind ihr die Figuren aus dem Buch – Françoise, die Guermantes, Charlus – bald genauso vertraut wie die Leute, die sie jeden Tag sieht. Und manchmal, wenn sie müde ist und über den Tag nachdenkt – über eine beißende Bemerkung oder einen überraschten Gesichtsausdruck zum Beispiel –, kann sie nicht mit Sicherheit sagen, ob es ihre eigene Erinnerung ist oder etwas, was sie gelesen hat.

Was, wenn die menschliche Welt nur aus Lüge, Heuchelei und Mittelmäßigkeit besteht? Wenn das Leben eine einzige trügerische Komödie des Scheins ist, nicht viel besser als das Gefühl aufsteigender Magensäure im Rachen? Was, wenn das Verlangen immer mehr verspricht, als die Wirklichkeit halten kann? Und unsere einzige Erlösung, das einzige Glück in der Kunst liegt?

Ein ruhiger Morgen bei Cindy Coiffure. Nachdem Clara ihre Kundin zur Tür begleitet hat, wirft sie einen Blick ins Terminbuch. Ihre nächste Kundin kommt erst um viertel vor elf, sie hat also ein bisschen Zeit. Sie hebt den Kopf und lässt den Blick durch den Raum schweifen, von der Kasse aus kann man den Salon in seiner gesamten Länge betrachten. Madame Habib steht vor den Spiegeln auf der linken Seite und beugt sich vor, um zu überprüfen, ob auch kein Lippenstift an ihren Zähnen klebt. Nolwenn, die ebenfalls eine Pause zwischen zwei Terminen hat, fegt ihren Arbeitsplatz, mit den Gedanken offenbar woanders. Auf Nostalgie läuft *Il tape sur les bambous* von Philippe Lavil. Es riecht nach Shalimar, nach Infinium-Haarspray und nach heißem Haar. Die kleine Welt von Cindy Coiffure. Clara sieht, hört und spürt sie und versteht mit einem Mal, dass ihr diese Welt nicht mehr genügt.

Eine Liste der Bände, die sie bis jetzt gelesen hat, nach Vorliebe sortiert:

1. *Der Weg nach Guermantes*
2. *Auf dem Weg zu Swann*
3. *Im Schatten junger Mädchenblüte*
4. *Sodom und Gomorrha*

Und das Gleiche für die Figuren:

1. *Françoise*
2. *Charlus*
3. *Die Großmutter*
4. *Swann und die Herzogin von Guermantes (unentschieden)*

Was sie zuletzt in ihr Notizbuch geschrieben hat:

Meistens wissen die Figuren gar nicht, dass sie beobachtet werden (z. B. Charlus, die Herzogin von Guermantes, die Groß-mutter).

Er telefoniert mit seiner Großmutter, als ob er sich mit ihr im Jenseits unterhalten würde. So schön!

Dieses Buch ist so sinnlich und üppig wie eine Frucht, wie ein Pfirsich.

Und einige Zitate:

»Die Züge unseres Gesichts sind kaum mehr als durch Gewohnheit endgültig gewordene Gebärden.«

»… die Wahrheit [braucht] nicht gesagt zu werden, um offen-kundig zu werden, [man kann] ihrer vielleicht mit größerer Zuver-lässigkeit, ohne auf Worte zu warten und ohne überhaupt auf sie achtzugeben, in tausend äußerlichen Anzeichen habhaft werden …, sogar in gewissen unsichtbaren Erscheinungen, wie sie in der Welt der Charaktere dem entsprechen, was in der physikalischen Natur die atmosphärischen Veränderungen sind.«

»… auf dem noch feuchten Gehweg, der vom Licht in goldenen Lack verwandelt war …«

Die Erinnerungen kommen immer dann, wenn man es am wenigsten erwartet. Proust spricht deshalb auch von unwillkürlicher Erinnerung. Ihre erste unwillkürliche Erinnerung hatte sie damals im Biounterricht, als das Geräusch des Rasenmähers sie zurück in ihre Kindheit transportiert hat. Sie hatte dieses Erlebnis vollkommen vergessen, bis sie vor ein paar Monaten im Bus die Szene mit der Madeleine in *Auf dem Weg zu Swann* gelesen hat und es ihr wieder eingefallen ist. Ihre zweite unwillkürliche Erinnerung hat sie bei Marionnaud, wo sie für ihren Vater zum Geburtstag Gentleman von Givenchy kaufen will und ihr plötzlich der Duft von Habit Rouge in die Nase steigt. Habit Rouge hat Clara JB zu ihrem ersten gemeinsamen Weihnachten geschenkt, eine Verkäuferin hatte ihr diesen »zeitlosen Klassiker« empfohlen. Innerhalb einer Millisekunde ist Clara wieder zurück in diesem besonderen Abschnitt ihres Lebens, als ihr alles so klar erschien. Mit einem Mal ist alles wieder da: Das explosive Verlangen (sie hatten dauernd und überall Sex, im Zug, im Schwimmbad), die Neugier, mit der sie den Körper ihres Flynn Riders erforscht hat (wie sich sein Gesicht veränderte, wie seine Hüften sich bewegten), der metallische Geschmack, den ihre Küsse irgendwann annahmen, der Stolz, mit dem sie Hand in Hand mit ihm durch die Straßen gelaufen ist, mit dem sie ihn ihren Freunden und Eltern vorgestellt hat. Aber auch – und das ist eigentlich noch viel verstörender – das Gefühl jener kalten, wolkenlosen Tage kurz vor Weihnachten, das Gefühl von Glück, Wärme, Zuversicht. Sie waren so jung, so schön, ihr Leben konnte gar nichts anderes als ein strahlender Erfolg werden.

Ein vom Schmerz gesteigertes Glück, ein in Glück aufgelöster Schmerz. Sie schließt die Augen, um den Empfindungen nachzugeben, es ist an der Zeit, sie gehen zu lassen. Mit dieser Entscheidung kehren auch die bewussten Gedanken zurück, vor allem die Einsicht, dass sie vielleicht verliebter war und die Trennung sie mehr mitnimmt, als sie sich eingestehen will. Dann reißen die Worte ihrer Schwester, die mit in die Stadt gekommen ist, sie aus ihren Gedanken: »Sie haben kein Gentleman mehr. Wir sollen Dienstag wiederkommen. So ein Scheiß, echt.«

Im Bus, zwischen Palais de Justice und République, muss sie laut lachen, als sie daran denkt, wie die Herzogin von Guermantes einen jungen Mann mit einem Tapir vergleicht.

Sie föhnt Madame Fabre gerade die Haare, als Jacqueline zu ihr kommt und ihr mindestens so diskret ins Ohr flüstert, als würde sie ihr den PIN für ihre Bankkarte verraten: »Telefon für Sie. Claudie Hansen.«

Clara schaltet den Föhn aus.

»Will sie ihren Termin verschieben?«

Weil Jacqueline in dem Moment von einem Rülpser überrascht wird, den sie geschickt mit einem leisen *Pfff* entweichen lässt, verzögert sich ihre Antwort um ein paar Sekunden: »Dann hätte sie wohl kaum extra nach Ihnen gefragt.«

Hinter ihnen liegt ein langer und nicht ganz einfacher Tag im Salon.

Clara schleppt sich zur Kasse und greift nach dem Hörer. Was sie jetzt wohl noch erwartet?

»Bonjour, Claudie.«

»Ah, Clara, tut mir leid, dass ich dich störe, bestimmt hast du furchtbar viel zu tun …«

Claudies Stimme ist tief und trotzdem zerbrechlich. An einem Tag wie diesem ist sie genauso willkommen wie ein vertrautes Gesicht in einer Menschenmenge.

»Hör zu, ich hab da eine Idee. Ich weiß, nächste Woche hätten wir uns eh gesehen, aber so lange kann ich unmöglich warten. Gestern Abend bin ich darauf gekommen, und seitdem kann ich an nichts anderes denken. Ich hab Michèle davon erzählt, sie hält es auch für eine gute Idee. Okay, jetzt will ich dich aber nicht länger auf die Folter spannen. Clara, ich glaube, du solltest Proust lesen.«

Sie liest jetzt seit neun Monaten Proust, deshalb hat Claudie sie ja auch eingeladen, sie haben einen ganzen Nachmittag und während des Abendessens über nichts anderes gesprochen. Kurz überlegt sie, ob Claudie vielleicht verrückt geworden ist, ob ihre Hormontherapie eine Gedächtnisstörung ausgelöst hat, doch da hört sie Claudie sagen: »Vorlesen, meine ich natürlich. Also anderen Leuten. Gestern Abend, als ich meine CDs weggeräumt habe, habe ich wieder deine Stimme gehört, wie du die Zusammenfassung auf der Hülle vorgelesen hast. Weißt du noch? Ich hab dir die CD hingehalten, und du hast die ersten Sätze hinten drauf vorgelesen. Und da ist es mir aufgefallen, Clara, deine Stimme ist genauso sanft und zart wie dieser Text. Deine Stimme ist wie der Duft von Weißdorn.«

Die Worte lassen sich nicht mit dem Kontext vereinbaren. Ihr Gehirn kann sie nicht aufnehmen, ihr fallen nur banale Antworten ein: »Danke. Das ist lieb von dir.« Und noch mal: »Danke.« Dann: »Einen schönen Nachmittag noch.« Und schon ist das Telefonat zu Ende.

Als sie den Hörer weglegt, spürt sie ein Vibrieren im ganzen Körper, das nicht aufhört. Sie geht auf ihren Arbeitsplatz zu, wo Madame Habib Madame Fabre solange Gesellschaft geleistet hat, aber sie bleibt nicht stehen, sie geht an den beiden Frauen vorbei, in den hinteren Teil des Ladens und von dort in den Hinterhof. Der Himmel gleißend, wie elektrisiert. Sie verzieht das Gesicht, kauert sich hin und fängt an zu weinen. Alles bricht aus ihr heraus: Die Trennung von JB, die Demütigung im Buchladen, Isabelle Audoin und Madame Bach, die Arbeit im Salon, die ihr immer unerträglicher erscheint, dieses Buch, das aus irgendeinem Grund alles infrage stellt, und dann Claudies Idee, dass sie daraus vorlesen soll. Und da ist noch mehr. In letzter Zeit sieht sie sich auf YouTube an, wie Prousts Zeitgenossen Anfang des zwanzigsten Jahrhunderts mit ihren Sonnenschirmen und Zylindern die Avenue de l'Opéra entlangspazieren oder sich vor der Notre Dame drängen, und sie empfindet ein gewaltiges Mitgefühl, weil sie etwas ahnt, von dem diese Menschen noch nichts wissen; dass nichts von Dauer ist, dass jedes Leben irgendwann in Vergessenheit gerät, dass die Erinnerung daran so schnell verblasst wie eine Zeichnung auf einer beschlagenen Fensterscheibe.

Sie sollte mit dem Weinen aufhören, sonst schafft sie es nie zurück in den Salon, aber es ist verrückt, je mehr sie weint, desto größer wird ihr Bedürfnis zu weinen, sie japst jetzt wie ein kleines Tier, es fällt ihr auf, als sich die Tür öffnet und Madame Habib herauskommt. Sie kniet sich hin, nimmt Clara in die Arme und flüstert: »Alles wird gut, meine Liebe … Alles wird gut.«

drei

Clara

Und mit jener gelegentlichen Schnöseligkeit die er wiedergefunden hatte, seit er nicht mehr unglücklich war, was zugleich sein moralisches Niveau etwas abgesenkt hatte, rief er innerlich aus: »Soll man's glauben, dass ich Jahre meines Lebens vergeudet habe, dass ich habe sterben wollen, dass ich meine größte Liebe erlebt habe – für eine Frau, die mir nicht gefiel, die nicht mein Fall war!«

Sie klappt das Buch zu, räuspert sich und wartet. Sie traut sich nicht, Madame Renaud in die Augen zu sehen.

Sie hat es vermasselt. Anstatt *»Schnoddrigkeit«* hat sie »Schnöseligkeit« gesagt, was überhaupt keinen Sinn ergibt, und im letzten Teil hat sie sogar eine ganze Zeile übersprungen. Dieses Buch ist aber auch einfach verdammt komplex, das muss man schon sagen. Sie hat eine kurze Entschuldigung gemurmelt und dann weitergelesen, ohne dabei etwas zu spüren, sie hat einfach die Wörter ausgesprochen, die vor ihren Augen auftauchten.

Madame Renaud sieht verärgert aus. Kein Wunder. Sie starrt ins Leere und bewegt stumm die Lippen. Claudie hat sie Clara als eine »langjährige Freundin« vorgestellt, »eine Proustianerin, die gerne das Ende von *Eine Liebe von Swann* hören würde.« Und die es dich spüren lässt, falls du es versaust, hätte sie dazusagen sollen.

»Wo haben Sie geparkt?«, fragt Madame Renaud schließlich.

»Ich bin zu Fuß gekommen.«

»Wohnen Sie in der Nähe?«

Sie erwähnt Claras Lesung mit keinem Wort. Wahrscheinlich ist es besser so. Clara spielt das Spiel mit.

»Nein, ich wohne in Les Chavannes. Aber ich bin direkt von der Arbeit gekommen, kurz hinter der Place de la Libération.«

»Verstehe. Und wie kommen Sie zurück nach Hause?«

»Ich gehe zurück zum Salon und nehme von da den Bus. Die Linie drei.«

»Ah ja, die Linie drei.«

»Ich habe Glück, ich muss nicht mal umsteigen.«

»Stimmt, das ist praktisch.«

Das Thema ist ausgeschöpft, und ein anderes fällt ihnen nicht ein. Die alte Dame umklammert die Armstützen ihres Sessels, stemmt sich hoch, und ohne ein Wort gehen sie hinaus auf den Flur. Es riecht nach Krankenhaus. Unterwegs erhascht Clara einen Blick ins Wohnzimmer, wo auf einem lackierten Tisch mit weißer Spitzendecke ein Foto des Papstes in einem silbernen Rahmen steht. An der Tür angekommen, muss Clara sich zusammenreißen, um nicht in Tränen auszubrechen.

»Also dann, auf Wiedersehen.«

»Ja, bis morgen.«

»Wie bitte?«

»Bis morgen, habe ich gesagt.«

»Zum … Lesen?«

»Ja, natürlich. Mit Claudie war die Rede von zwei Abenden. *Eine Liebe von Swann* und der Tod der Großmutter. Hat sie Ihnen das nicht gesagt?«

»Doch, schon, es ist nur … Hat es Ihnen denn gefallen?«

»Sonst würde ich Sie wohl kaum bitten wiederzukommen, oder?«

»Aber ich habe mich verlesen.«

»Kann sein, ist mir nicht aufgefallen. Sie haben eine schöne Stimme, sowohl in den tiefen als auch den hohen Lagen, sehr angenehm. Und Sie übertreiben es nicht, Sie halten sich zurück, das gefällt mir. Die Letzte, mit der ich es versucht habe, hat Proust gelesen wie ein Stück von Barillet und Grédy, unmöglich. Also, morgen Abend um halb acht, so wie heute?«

»In Ordnung.«

Madame Renaud legt ihr die Hand auf den Arm.

»Morgen Nachmittag habe ich meine Enkelin, meine Tochter bringt sie nach dem Mittagessen her. Die Kleine ist vier, sie kann keine Sekunde still sitzen und malt alles an. Ich habe sie sehr gern, aber ein ganzer Nachmittag, das ist viel zu lang. Wenn ich weiß, dass Sie später kommen, gibt mir das Kraft.«

Auf dem Weg zurück hört sie immer wieder das gleiche Lied. Dieses Mal hat sie es nicht vergessen. Mit *Don't stop me now* von Queen in den Ohren und einem Gefühl der

Unbesiegbarkeit, überquert sie diagonal die Place de la
Libération und schlendert dann am Dom vorbei zurück
durch die Altstadt.

I'm gonna go, go, go
There's no stopping me

Das Geheimnis liegt darin, langsam zu lesen. Wenn man langsam liest, läuft man nicht so schnell Gefahr zu stottern oder ins Monotone abzurutschen, und vor allem gibt man dem Zuhörer die Möglichkeit, den Text in all seiner Fülle zu genießen.

Zum Beispiel dieser Satz: *Der Marquis von Palancy schob sich langsam mit vorgerecktem Hals, schräg geneigtem Kopf, sein großes rundes Auge an das Monokel gepresst, in das durchsichtige Dunkel und schien das Publikum im Parkett ebenso wenig zu sehen wie ein Fisch, der hinter der gläsernen Wand eines Aquariums vorbeischwimmt und die Menge neugieriger Besucher nicht zur Kenntnis nimmt.* Auch wenn man diesen Satz zu schnell vorgelesen bekommt, versteht man das Bild vom Fisch in seinem Aquarium. Dafür überhört man leicht den *vorgereckten Hals*, den *schräg geneigten Kopf* oder das *durchsichtige Dunkel*, wenn der Vorleser seinen Zuhörern nicht genug Zeit lässt. Und das wäre schade.

Proust scheint seine Kommas zufällig in den Text gestreut zu haben, jedenfalls sind sie beim Vorlesen seiner ewig langen Sätze keine Hilfe. Deshalb versieht Clara die Stellen, die sie als Nächstes vorlesen will, mit ihren eigenen Satzzeichen.

/, für eine Pause zwischen zwei Wörtern.

//, für eine längere Pause zwischen zwei Sätzen, um wieder zu Atem zu kommen und dem Publikum die Möglichkeit zu geben, das gerade Gehörte zu verstehen. Keine Angst vor Pausen, die Stille kommt dem Leser immer länger vor als dem Zuhörer.

Die Seiten füllen sich mit immer mehr solcher Zeichen:

>> am Rand bedeutet, dass sie schneller lesen kann, weil das Risiko, sich zu verhaspeln, relativ gering ist, bei einer Aufzählung oder einem Dialog zum Beispiel.

~ zwischen zwei Wörtern heißt, dass sie zusammengebunden gelesen werden können. Falsche Bindungen gehören zu den häufigsten Fallen beim Vorlesen.

Die Zeichen sind ein bisschen wie Wanderzeichen: Für denjenigen, der einen Weg zum ersten Mal geht, sind sie unentbehrlich, der Wanderführer dagegen, der den Weg in- und auswendig kennt, sieht sie nicht einmal mehr. Die Zeichen helfen Clara bei der Vorbereitung, aber nachdem sie den Text wieder und wieder gelesen, sich den Rhythmus und die Betonungen, die sie setzen will, angeeignet hat, braucht sie sie nicht mehr. So kann sie sich während des Vorlesens ganz auf die Worte einlassen. Denn darin liegt die wichtigste und größte Herausforderung: von der ersten bis zur letzten Silbe ganz im Text zu sein, sodass weder ein Handyklingeln noch das Weinen eines Babys oder das Pfeifen eines Schnellkochtopfs im Raum nebenan ihre Lektüre stören könnte. Yoga eben.

Es ist eine ganze Weile her, dass Madame de Lamballe zuletzt im Salon war, und zwar aus gutem Grund: Sie hatte einen Schlaganfall. Heute Morgen war sie zum ersten Mal wieder da. Madame Habib hat sie versorgt, Nolwenn hat sie frisiert. Ihr Gang ist noch ein bisschen unsicher, die eine Gesichtshälfte weniger beweglich, und sie benutzt keine Verben mehr, sie drückt sich nur noch in Konzepten oder Lautmalereien aus. »Tochter, Turnschuhe auf Treppe, Schwiegersohn rummsbumms, Intensivstation.« Oder auch: »Lissabon, Stockfischpüree, Sahnepuddings, oh, là, là, die Waage.« Das lässt ihre Aussagen einerseits etwas beschränkt wirken, andererseits klingen sie fast wie Haikus, was auch seinen Charme hat. Und man versteht problemlos, was sie meint. Nachdem Madame de Lamballe wieder gegangen ist, macht niemand eine Bemerkung. Madame Habib aus Anstand, Nolwenn, weil sie mit den Gedanken schon längst woanders ist. Und was Clara betrifft, so stellt sie sich vor, dass das Handicap der armen Madame de Lamballe Proust sicher inspiriert hätte. Eine Adelige noch dazu …

JBs Auszug ist nicht ohne Konsequenzen geblieben: Die Katze ist seitdem nicht mehr dieselbe. Zuerst hat sie ihn überall gesucht, wobei sie noch verdutzter aussah als für gewöhnlich. Misstrauisch hat sie seine Seite des Bettes inspiziert, als handele es sich um die Oberfläche des Mars. Dann hat sie den Kleiderhaken gemustert, an dem vorher immer JBs Sporttasche hing, und sich offenbar gefragt, warum er auf einmal frei war. Und dann, eines Abends, als Clara von der Arbeit zurückkam, hat sie sie schnurrend auf dem Sofa vorgefunden. Bis dato hatte Clara geglaubt, dass die Katze gar nicht schnurren konnte. Und das Sofa war eigentlich den Menschen vorbehalten. Sie hatte die Augen zufrieden zusammengekniffen und schlug träge mit dem Schwanz hin und her. Auch das war neu. Sie hatte wohl verstanden, dass JB nicht zurückkommen würde, dass es von jetzt an nur noch sie und Clara gab – und anscheinend war ihr das nicht ganz unrecht.

N ame: *Poitrenaud*
Vorname: *Clara*

Geburtsdatum und -ort: *29. März 1997, Dole*

Projekttitel: *Lesung aus Marcel Prousts »Auf der Suche nach der verlorenen Zeit«*

Disziplin (nicht Zutreffendes bitte durchstreichen): ~~Theater~~, ~~Musik~~, ~~Tanz~~, ~~Akrobatik~~, ~~Rauminstallation~~, ~~Klanginstallation~~, ~~Videoinstallation~~

Andere Disziplin (bitte präzisieren): *Lesung*

ehn Tage?«

»Ist das zu lang?«

»Das Problem ist, dass Patrick da auch Urlaub hat.«

»Nur in der ersten Woche.«

»Das stimmt, aber Patrick kommt ja auch nur samstags.«

»Dafür ist Nolwenn da. Die ganzen zehn Tage.«

»Schon, trotzdem könnte es sein, dass manche Kundinnen dann woandershin gehen. Zu Mariella Brunella zum Beispiel. Und ich habe wirklich keine Lust, denen einen Gefallen zu tun.«

»Aber Ende Juli ist doch sowieso kaum was los.«

»Das sagen Sie jetzt … Brauchen Sie denn wirklich so lange? Das Festival geht doch nur vier Tage.«

»Ich muss mich ja auch noch vorbereiten. Das will ich in den ersten Tagen machen. Zu Hause proben und so.«

»Und das können Sie nicht abends nach der Arbeit?«

»Nein, da bin ich viel zu müde. Außerdem will ich dreimal die Woche einer Freundin vorlesen.«

»Claudie Hansen?«

»Nein, einer Freundin von Claudie. Beziehungsweise einer Freundin ihrer Mutter. Madame Renaud, sie wohnt in der Avenue de Paris. Eigentlich sollte ich nur einmal die

Woche hin, aber dann wollte sie, dass ich wiederkomme, und jetzt gehe ich dreimal.«

»Zum Lesen?«

»Ja, zum Vorlesen. Proust. Das ist ihre Leidenschaft.«

»Dann bekommen Sie immerhin Übung.«

»Übung?«

»Na, für das Festival.«

»Ach so, ja. Auch wenn das etwas anderes ist.«

»Sind Sie nervös?«

»Nein. Das heißt, ich weiß es nicht, ich denke nicht darüber nach.«

»Das erinnert mich an was: Als ich noch jung war, haben meine Schwester und ich zwei-, dreimal auf der Automobilmesse gearbeitet, als Hostessen – oder war es die Luftfahrtmesse? Egal, jedenfalls wollte die Chefin, dass wir unsere Beine zeigen. Jedes Mal, wenn sie an uns vorbeikam, hat sie unsere Röcke ein Stück hochgezogen. Und ich habe Gilbert Bécaud gesehen. Den Sänger. Er hat mir ein Autogramm gegeben, auf einem Taschentuch. Was anderes hatte ich nicht dabei. Der Filzstift hat geschmiert, man konnte überhaupt nichts erkennen. Wie auch immer, ich weiß auch nicht, warum ich Ihnen das erzähle, es hat überhaupt nichts mit Ihnen zu tun.«

»Nein … Also ist es in Ordnung, wenn ich im Juli zwei Wochen Urlaub nehme?«

»Natürlich, Clara, nehmen Sie Ihre zwei Wochen und lesen Sie Proust, wir kommen schon zurecht.«

orraine kommt jetzt zusätzlich zu ihrem Kaffee immer mit einem Buch in den Salon: *Über Psychoanalyse* von Sigmund Freud. Vauzelle hat es ihr empfohlen. Nachdem sie und Madame Habib wie üblich die neuesten Neuigkeiten ausgetauscht haben, setzt sie sich auf ihren Hocker, verschwindet hinter ihrem Buch und hält es so, dass der Titel und der Name des Autors für alle Anwesenden gut erkennbar sind. Jetzt gibt es bei Cindy Coiffure also gleich zwei Leseratten: Die eine liest Proust und die andere Freud, was einerseits ziemlich beeindruckend und andererseits ein bisschen verrückt ist.

Clara ist aufgefallen, dass Lorraine, die auch unter normalen Umständen Wert auf ihr Äußeres legt, sich an den Tagen, an denen sie zum Therapeuten geht, noch mehr Mühe gibt. Ein Kleid mit Dekolleté statt der gewöhnlichen Chino, die Jeansjacke, die ihre blonden Haare zur Geltung bringt. Und dass sie sich nicht mehr zu fragen scheint, warum sie morgens überhaupt aufgestanden ist.

Es ist Samstagmorgen, der Salon hat gerade erst geöffnet. Trotzdem warten bereits zwei Kundinnen, sie sollten sich beeilen. Im Hinterhof des Salons steht Patrick mit
vom Schlaf verquollenen Augen und sagt zu Clara: »Aber
erschrick nicht, okay?«

Er klemmt sich die Zigarette in den Mundwinkel und
entrollt das Plakat. Clara schlägt die Hand vor den Mund.

Es ist eine Schwarz-Weiß-Zeichnung, die ungefähr den
gleichen Effekt auf sie hat wie Fingernägel, die über eine
Tafel kratzen. Ein Mädchen im Manga-Stil mit schwindel-
erregendem Dekolleté zwinkert dem Betrachter zu – vielleicht ist das Zwinkern aber auch nur ein Fehler in der
Zeichnung. Links darunter prangt die schwarze Silhouette
eines Mannes, er sieht ein bisschen aus wie Jack the Rip-
per oder ein anderer Krimineller, soll aber wahrscheinlich
Proust sein. Und ganz oben, in einer Schrift, bei der man
eher an *Game of Thrones* als an *Auf der Suche nach der verlorenen Zeit* denkt, der Titel: *Clara liest Proust.*

Auch wenn sie Patricks Zeichenstil kennt, hatte sie
sich, um ehrlich zu sein, etwas anderes vorgestellt. Er
kann sich wahrscheinlich denken, dass sie vor Begeisterung nicht gerade aus dem Häuschen ist, deshalb fügt er
mit ernster Miene hinzu, als handele es sich bei seinem Bild

mindestens um den *Schwur der Horatier*: »Ich hab mir gedacht, dass diejenigen, die Proust kennen, sowieso kommen, das Plakat muss also die Jüngeren anziehen. Deshalb der Manga-Stil. Ich wollte Proust ein bisschen entstauben, damit er nicht so verklemmt rüberkommt.«

»Verklemmt ist das Poster nicht, das stimmt.«

»Also gefällt es dir?«

Sie verschränkt die Arme vor der Brust.

»Ich mag den Titel«, sagt sie und zeigt darauf.

»Ja, ich weiß, du wollest eigentlich was anderes, wie war das noch …«

»Lesung aus *Auf der Suche nach der verlorenen Zeit* von Marcel Proust.«

»Genau. Aber das war zu lang. *Clara liest Proust* ist besser, finde ich. Das bleibt im Kopf.«

»Stimmt.«

Er reibt sich das vom Zigarettenrauch gerötete Auge.

»Wetten, dass es dir Glück bringt?«

»Vielen Dank, Patrick.«

Sie überlegt, ob sie noch ein »wirklich« dranhängen soll, lässt es aber.

»Was macht ihr denn hier draußen? Alle warten auf euch.«

Nolwenn streckt den Kopf zur Tür hinaus.

»Was ist das?«, fragt sie und nickt zu dem Poster hinüber.

Patrick rollt es noch einmal auf, und Nolwenn tritt aus der Tür, um besser sehen zu können. Ihre Augen huschen vom Poster zu Patrick und wieder zurück, sie kann die Augen gar nicht von der Zeichnung lassen.

»Hast du das gemacht?«

»Ja, warum? Gefällt's dir?«

Nolwenn schluckt.

»Machst du Witze?«

Raymondes Geschichte, Ende

Das mit Bernard und mir kommt natürlich nicht von ungefähr, das sollte ich vielleicht dazusagen. Bernard hat mir schon immer gefallen, und ich ihm wohl auch, jedenfalls ist er mir früher hinterhergelaufen, als wir noch jung waren. Aber da war ich halt schon mit René zusammen. Dann bin ich schwanger geworden, wir haben geheiratet und so weiter und so fort. Jedenfalls ist aus Bernard und mir nie was geworden. Aber er ist mir trotzdem nie aus dem Kopf gegangen. Die ganzen Jahre bin ich immer gern in die Metzgerei gegangen, vielleicht ein bisschen zu gern. Am besten war es samstagmorgens, weil da vor der Metzgerei eine lange Schlange war und ich ihn beim Warten in aller Ruhe angucken konnte. Die gerade Nase, die schönen Nägel und sein Haar, das sich in den Längen ein bisschen lockt – da hab ich immer so eine Wärme im Bauch gespürt. Also hab ich jahrelang zu viel Fleisch gekauft. So viel, dass wahrscheinlich deshalb alle in unserer Familie Diabetes haben. Fleisch zu jedem Essen ist vermutlich keine gute Idee. Na ja, ich sollte noch erwähnen, dass Bernard Single ist. Seine Frau ist vor fünfzehn Jahren mit einer anderen Frau abgehauen. Erst haben sie in Dijon gewohnt, dann sind sie irgendwo in die Karibik, ich weiß nicht mehr genau wo. Das war auch so eine Geschichte. Jedenfalls hab ich ihn dann ja gefragt, ob er eine Nacht mit mir verbringen will. Am Anfang wollte ich das vor allem, um René sagen zu können: »So, bitte schön, du hast deinen Lachs in die Butter getaucht, jetzt kann ich mir auch mal was gönnen.« Tut mir leid wegen des Vokabulars, Jacqueline, ich sag's nur, wie es ist. Aber natürlich laufen die Dinge nie so, wie man vorher denkt. Bernard hat Ja gesagt – das hat mich ehrlicherweise nicht sonderlich erstaunt, zeig mir einen Mann, der so ein Angebot ablehnt, außerdem bin ich für meine siebenundsechzig noch ganz ansehnlich –, aber die Überraschung war, dass es so gut gelaufen ist. Erst mal war schon das Essen köstlich, wir sind in ein Restaurant in Crissey gegangen, ich hab Entenbrust mit Preiselbeeren bestellt und Bernard Lammrippchen. Wirklich ausgezeichnet. Danach sind wir dann nach nebenan in unsere Pension. Es war sicher keine Zirkusnummer, aber gerade deshalb war es so gut. Erst mal haben wir lange auf dem Bett gelegen und geredet. Bernard hat mir zugehört und mir dabei über den Rücken gestrichelt. Das Fenster war offen, und wir haben die ganze Nacht lang die Vögel gehört. Manchmal bin ich ein bisschen eingeschlafen und irgendwann davon aufgewacht, dass er mich im Nacken und auf die Stirn geküsst hat. Ich hab die Augen geöffnet und gesehen, dass er mich anguckt, und da hat er gesagt, dass er sich wohlfühlt mit mir. Tja, was will man mehr? Danach war es dann auch nicht mehr kompliziert, René zu sagen, dass er wiederkommen kann. Wiederkommen, abhauen, seine Chinesin heiraten, wenn er das unbedingt will – ist mir so was von schnuppe. Ich denk sowieso nur noch an Bernard, an seinen Mund, seine Haut. Den ganzen Tag lang warte ich darauf, dass er mir schreibt, oder ich rechne aus, wie viele Tage es bis zu unserem nächsten Treffen noch sind. Genau, wir wollen uns nämlich wiedersehen, nächsten Samstag. Zwei Tage dieses Mal, am Lac des Settons. Deshalb bin ich auch hier. Ich hab ein Foto mitgebracht, keine Ahnung, wo ich das gefunden habe, jedenfalls hätte ich gern so eine Frisur. Die Haare ein bisschen heller, so wie hier, hinten hochgesteckt, mit ein paar losen Strähnen vorn. Patrick kriegt das doch bestimmt hin, oder vielleicht sogar Clara?

Eigentlich ist es kein richtiger Ort, es sind verschiedene Orte, die ineinander übergehen, sich verwandeln. Zuerst ist sie in der Gasse, in der auch der Salon liegt, dann in der Eingangshalle eines großen Gebäudes, dessen Dach und obere Stockwerke plötzlich verschwinden und den Blick auf den Sternenhimmel freigeben.

Flanders, der Buchhändler, fragt sie, wie der Baron von Charlus mit Vornamen heißt. »Palamède!«, antwortet sie wie aus der Pistole geschossen, und in einem Anflug von Übermut fügt sie hinzu: »Er wird auch Mémé genannt.« Flanders nickt und fragt weiter: »Jetzt etwas schwieriger: Wer heißt mit Vornamen Bathilde?«

»Seine Großmutter!«

»Nicht schlecht!«

Dann, ohne Überleitung, vielleicht weil sie richtig geantwortet hat, findet sich Clara plötzlich in der Unendlichkeit des Weltraums wieder, sie folgt einem Weg aus silbrigem Sternenbruch. In der Ferne erkennt sie eine Silhouette, sie wirkt genauso verloren wie sie selbst, sie kommt langsam näher, es ist ein Mann, es ist Proust. Ihre Körper verkeilen sich, drehen sich in der galaktischen Leere langsam umeinander. Auf einmal sind sie nackt, sämtliche Zellen ihrer Haut berühren die glatte Haut des

Schriftstellers, es ist ein unbeschreibliches Gefühl. Ihre Hüften bewegen sich, ihre Beine reiben aneinander, ihre Hände erforschen den Körper des anderen, und mit jeder Berührung kommen sie der Ekstase ein Stück näher. Je intensiver das Verlangen, desto lauter wird die Melodie im Hintergrund, eigentlich ist es keine richtige Melodie, es sind nur drei Noten, das Geräusch von einem Löffel gegen ein volles Wasserglas, das Klingeln eines Handys, ihr Handywecker, es ist sieben Uhr am Morgen des 21. Juli, der erste Tag des Festivals.

Sie greift nach dem Handy und schaltet den Wecker aus. Auch als die Melodie schon längst verstummt ist, denkt sie noch darüber nach, warum immer nur die Rede von Prousts literarischem Genie ist, nie von seinen außergewöhnlichen Fertigkeiten als Liebhaber.

Erster Tag (Mittwoch)

Sie macht sich auf den Weg, ihr Platz ist in der Rue des Tonneliers, vor dem weiß gestrichenen Schaufenster eines ehemaligen Schmuckgeschäfts. Vor zehn Tagen ist sie schon einmal mit der Verantwortlichen für den Off-Teil des Festivals hier gewesen. Sie klebt ihr Plakat mit Tesafilm auf ein Durchfahrt-verboten-Schild und tackert ein Blatt mit den Uhrzeiten ihrer Lesungen darunter:

11 Uhr: Swann sagt sich von Odette los
15 Uhr: Die Zugreise und das Mädchen mit dem Milchkaffee
18 Uhr: Die Sonate von Vinteuil

Sie setzt sich direkt unter das Plakat auf einen Hocker aus Korbgeflecht, gegenüber von drei im Halbkreis angeordneten Teppichen, die sie in Anaïs' winzigem Saxo hertransportiert haben. Sie wartet. Sie wartet, aber es kommt niemand. »Nicht ein Taugenichts«, hätte Madame Habib gesagt. Noch zwanzig Minuten bis elf, noch zwölf, noch drei. Sie hat sich noch nie so allein gefühlt.

Auf der anderen Straßenseite machen ein paar Kids

aus Creusot Breakdance, sie haben um die fünf, sechs Zuschauer. Auch nicht gerade ein Riesenerfolg, aber wenn fünf oder sechs Personen auf den Teppichen vor ihr sitzen würden, wäre Clara überglücklich. Doch die Leute laufen an ihr vorbei, und ganz egal, ob sie allein, zu zweit oder mit der ganzen Familie unterwegs sind, ihre Blicke beschreiben alle den gleichen Weg. Sie huschen vom Plakat zum Programm zu Clara, und wenn sie bei ihr angekommen sind, ist es schon zu spät, die Entscheidung ist gefallen, es interessiert sie nicht. In ihren entschuldigenden Blicken liest Clara: Bestimmt machst du das sehr gut, wir finden es super, dass du dich das traust, aber *Swann sagt sich von Odette los*, sorry … Sie finden das charmant, diese junge Frau, die beim Straßenfestival Proust liest, aber es berührt sie nicht, es spricht sie nicht an, lieber gucken sie den Breakdancern zu – das muss man erst mal können, sich so um sich selbst drehen – oder kaufen sich im Café am Dom ein Eis, auch wenn das Wetter eher wechselhaft ist – aber Eis geht doch eigentlich immer.

Es ist fünf nach elf. Sie wird bestimmt nicht allein anfangen zu lesen, viel zu peinlich. Um nicht ganz so verloren zu wirken, geht sie ihre Texte durch, dabei kann sie die im Grunde auswendig. Sie zwingt sich zu lächeln, falls jemand zusieht. Wie hat sie auch nur eine Sekunde lang glauben können, dass das hier klappen könnte? Im Leben muss man normale Dinge machen. Friseurin zum Beispiel, da hat man fünf von sieben Tagen zu tun, am Ende des Monats bekommt man ein Gehalt, und den Monat danach fängt man wieder von vorne an. Diese Art von Arbeit hat einen Sinn, eine Bedeutung, sowohl für die Friseurin als auch für die Kundin, während auf der Straße sitzen und hoffen, dass sich die Leute auf Teppiche hocken, um Proust vorgelesen zu bekommen, nicht in die moderne Welt passt, davon hat man nichts, man kann es nicht auf Instagram posten, im Gegensatz zu den Breakdancern oder zwei hübsch in ihrem Becher angerichteten Kugeln Madagaskar-Vanilleeis.

Elf nach elf. Und immer noch niemand. Das reicht, genug gedemütigt. Sie schnappt sich ihren Rucksack und bittet den Verkäufer aus dem Baklava-Laden gegenüber auf ihre Sachen aufzupassen. Dann geht sie.

In der Buchhandlung, die ganz zufällig nur zwanzig Meter weiter liegt, erhascht sie einen Blick auf Flanders, der mit gerunzelter Stirn auf seinen Computer starrt. Ein Stück weiter die Straße runter wird in einem Haus eine Komödie aufgeführt, die Schauspieler tauchen hinter den Fenstern im Erdgeschoss und im ersten Stock auf, wenn sie an der Reihe sind. Clara bleibt stehen, sieht zu und lächelt zum ersten Mal an diesem Tag. Sie tun ihr gut, nicht nur, weil sie lustig sind, sondern auch, weil sie außer für sie nur noch für eine andere Person spielen, was sie aber nicht davon abhält, Spaß zu haben. Eigentlich ist es kein richtiges Stück, eher eine Folge von kurzen Sketchen. Am Ende eines dieser Sketche applaudiert sie, dann geht sie weiter Richtung Saône.

Rue Saint-Georges. An eine Mauer gelehnt sitzt ein Typ und spielt auf einem Instrument, das sie vorher noch nie gesehen hat. Es sieht aus wie eine fliegende Untertasse aus Metall, übersät mit Dellen, die verschiedene Töne erzeugen, wenn er mit der Hand darauf schlägt. Er entlockt dem Instrument eine hawaiianisch klingende Melodie, zart und betörend, trotzdem gehen die Leute auch an ihm vorbei. Sie hält an, hört zu, betrachtet den Musiker. Sein konzentrierter Gesichtsausdruck, die langen, präzisen Hände, selbst seine Zehen in den Sandalen haben eine beruhigende, sinnliche Wirkung auf sie. Ihr Traum kommt ihr wieder in den Sinn, sie denkt daran, wie ihr Körper mit dem von Proust verschmolzen ist, das Gefühl seiner glatten Haut auf ihrer, und stellt auf einmal fest, dass es schon eine ganze Weile her ist, dass sie mit jemandem geschlafen hat. Der Typ muss etwas von dem gespürt haben, was da in ihr vorgeht, denn jetzt hebt er den Blick und lächelt ihr zu, ohne sein Spiel dabei zu unterbrechen. Sie weicht seinem Blick aus, entfernt sich ein paar Schritte und steht plötzlich vor einem Harlekin auf Stelzen – na, toll. Schwarze Maske mit weißen Federn, ein Kostüm wie ein Weihnachtsbonbon. Er beugt sich zu ihr vor, als sie an ihm vorbeigeht und stelzt ihr hinterher. Als sie einen Schritt zulegt, lässt er sie mit bedauernder Miene ziehen.

Sie mag diese kreative, ein bisschen verrückte Atmosphäre, denkt sie, als sie am Saône-Ufer ankommt. Vielleicht sollte sie dieses Festival als Zuschauerin erleben, nicht als Künstlerin. Sie haben die Falsche ausgewählt, diese Rolle war nie für sie gedacht. Sie wird die Organisatorin anrufen und sie fragen, ob sie aufhören kann, ob sie am Nachmittag wirklich wiederkommen muss. Wenn sie ihr sagt, dass niemand zu ihrer ersten Lesung gekommen ist, versteht sie es bestimmt.

Sie setzt sich auf eine Bank am Fluss. Ihr Blick gleitet zum Wasser, verharrt, dann zieht ein Paar ihre Aufmerksamkeit auf sich. Sie kommen von rechts angejoggt, ein Mann und eine Frau, Seite an Seite. Sie erkennt sie sofort. JB und Isabelle Audoin. Schnell greift sie nach ihrer Tasche und versenkt den Kopf darin, als ob sie etwas suchen würde. Aber als das Paar in den schwarzen, eng anliegenden Klamotten an ihr vorbeiläuft, kann sie der Versuchung nicht widerstehen, sie hebt den Blick. Die beiden sind so sehr in ihren Gleichschritt vertieft, dass sie sie gar nicht bemerken. Clara dagegen fallen gleich zwei Dinge auf. Erstens: JB hat zugenommen. Nicht viel, aber doch genug, dass man es sieht, da, wo die Oberschenkel beginnen. Es steht ihm nicht. Und zweitens: Die Frau an seiner Seite ist nicht Isabelle Audoin. Sie ist blond, mit Pferdeschwanz, und ziemlich dürr, bis auf die Brüste und den Hintern. Sie sieht der hübschen Lehrerin aus der Weinbauschule in Beaune, der Clara ungefragt die Schuld am Scheitern ihrer Beziehung zugeschoben hat, kein Stück ähnlich. Manchmal macht das Leben echt schlechte Witze.

Zum Mittagessen isst sie trockenes Sushi, dann geht sie zurück in die Rue des Tonneliers und ruft die Organisatorin an, die sagt, nein, sie könne nicht am ersten Tag wieder aufhören, das sei nicht gerecht gegenüber dem Komitee, das sie ausgewählt habe, natürlich ziehe Proust weniger Leute an als Breakdance, dafür hebe sie sich aber von den anderen ab, sie steche heraus, genau das habe sie übrigens auch ihrer Freundin gesagt, die für das *Journal de Saône-et-Loire* schreibt – »Du musst unbedingt etwas über dieses Mädchen schreiben, das Proust liest« – und die versuchen wolle, Clara in der Samstagsausgabe unterzubringen, was perfekt sei, weil das Festival sowieso erst am Wochenende so richtig losgehe.

Auf einem der Teppiche sitzt jemand.

Es ist 14.57 Uhr, das kann kein Zufall sein. Diese Person hatte nicht nur müde Beine und wollte sich ein bisschen ausruhen, nein, diese Person wartet eindeutig darauf, dass die Vorleserin zurückkommt und die Lesung beginnt.

Sie begrüßen sich höflich. Dann nimmt sie Platz, merkt, dass sie nervös ist, und denkt an Madame Habibs Frage. Es ist immerhin das erste Mal, dass sie in der Öffentlichkeit liest. Sie holt das Buch und die Wasserflasche aus ihrer Tasche, trinkt, räuspert sich und wendet sich dann an ihren einzigen Zuhörer: »Also, ich werde einen Auszug aus *Im Schatten junger Mädchenblüte* lesen. Es ist eine meiner Lieblingsstellen. Wir sind mit dem Protagonisten und seiner Großmutter im Zug, auf dem Weg nach Balbec, einem Küstenort in der Normandie.

Ihr Gegenüber, ein schlanker, gebräunter Mann in den Sechzigern, der so aussieht, als würde er Rennrad fahren, nickt und fragt völlig zusammenhangslos: »Mögen Sie Fabrice Luchini?«

Sie versteht den Sinn der Frage nicht, nickt aber und legt den Zeigefinger auf die Lippen, um ihn zum Schweigen zu bringen. Dann schlägt sie das Buch auf, schließt kurz die Augen, um ihren Geist zu leeren, um ganz im Hier und Jetzt zu sein, und fängt an zu lesen: »*Sonnenaufgänge sind eine Begleiterscheinung langer Eisenbahnfahrten, wie hart gekochte Eier, illustrierte Zeitungen, Kartenspiele …*«

Ihre Vorlesestimme zu hören, ist wie eine gute Freundin wiederzusehen. In ihr breitet sich ein Gefühl der Wärme aus, ein starkes Gefühl, das Gefühl, dass ihr nichts passieren kann, während sie vorliest. Sie ist doch eine Künstlerin, sie ist dafür gemacht, die Musik von Worten wie »Eisenbahnfahrten« oder »Kartenspiele« erklingen zu lassen, mit einem Mal sind alle ihre Zweifel wie weggeblasen.

»*Die Landschaft wurde gebirgig, schroff, der Zug hielt in einem kleinen Bahnhof zwischen zwei Bergen.*«

Kurz nach dieser Stelle taucht im Buch ein Mädchen mit zart geröteten Wangen auf, die den Reisenden Milchkaffee anbietet. Bei ihrem Anblick kostet Marcel den Geschmack von Glück und Schönheit, er stellt sich vor, wie glücklich er an ihrer Seite wäre, wie schön es wäre, sie in ihrem Alltag zu begleiten. Clara liebt diese leuchtende Erscheinung, liebt ihre Farben rosa und gold und wie Proust sie beschreibt. Als Leser weiß man bis zuletzt nicht, ob sie eigentlich eine Erinnerung oder ein Traum ist.

»Ihr Gesicht über ihrem hochgewachsenen Körper war so golden und so rosa, dass es wirkte, als sähe man es durch ein buntes Kirchenfenster.«

Zwei aufeinanderfolgende Schrägstriche: Hier wollte sie eine Pause machen. Sie blickt auf, um zu sehen, welche Wirkung das Gelesene auf ihren Zuhörer hat, aber er ist verschwunden. Seit wann? Sie hat keine Ahnung, vielleicht liest sie schon seit mehreren Minuten nur für sich. Nein, nicht ganz, der Baklavahändler von gegenüber steht in seiner Tür, die Arme auf der Schürze verschränkt, unter der sich ein enormer Bauch wölbt. Er nickt ihr einmal kurz zu, bevor er wieder nach drinnen geht. Einen Moment lang sitzt sie einfach nur da, das Buch in ihrem Schoß, die Schultern entspannt, ohne konkrete Gedanken im Kopf …

»Alles gut bei dir?«

Eine junge Frau schlendert vorbei und bleibt vor ihr stehen.

»Geht so, ehrlich gesagt.«

»Du siehst aus als …«

»Es kommt niemand. Erst war jemand da, aber dann …«

Sie schafft es nicht, den Satz zu beenden.

Die Frau setzt sich ihr gegenüber auf den Teppich. Sie ist klein und dunkelhaarig, hat schöne Rehaugen und ein vorstehendes Kinn. Sie trägt ein khakifarbenes Top und riecht leicht nach Schweiß.

»Am ersten Tag ist nie viel los. Da trauen die Leute

sich noch nicht anzuhalten. Sie gucken erst mal, was sie interessiert, und kommen dann später wieder. Wir spielen heute zum Beispiel gar nicht. Wir fangen erst morgen an. Aber selbst morgen ist es garantiert noch relativ ruhig. Eigentlich geht es immer erst am Freitag richtig los.«

»Bist du Schauspielerin?«

»Ja, wir führen im Nordhafen ein Stück auf, mit meiner Truppe. *Frohe Weihnachten und gute Apokalypse* heißt es. Vielleicht hast du die Plakate gesehen. Eigentlich ist es eher eine Art interaktives Erlebnis als ein Theaterstück. Wir laden das Publikum ein, die postapokalyptische Welt zu besuchen, so wie wir sie uns vorstellen.«

»Wow.«

»Ich heiße übrigens Mathilde.«

»Clara.«

Sie geben sich die Hand.

»Clara, die Proust liest.«

»Genau. Wobei, heute eigentlich nicht wirklich …«

»Das kommt noch«, sagt Mathilde und greift nach *Im Schatten junger Mädchenblüte*. Sie blättert darin und fügt hinzu: »Proust habe ich mich nie getraut. Genau wie Dostojewksi und so. Sie schüchtern mich ein.«

»Ach Quatsch.«

»Ist Proust nicht … schwer?«

»Nein, ganz im Gegenteil. Er ist total leicht. Finde ich. Mit Proust kann ich fliegen.«

Mathilde schlägt das Buch an einer beliebigen Stelle auf, liest erst leise für sich und dann laut für Clara, langsam, jedes Wort einzeln betonend: »*Aber ein Kummer, den uns eine geliebte Person bereitet, kann selbst dann bitter sein, wenn er in einer Umgebung von Sorgen, Beschäftigungen oder Freuden zugefügt wird, die diese Person nicht zum Gegenstand haben und von denen sich unsere Aufmerksamkeit nur gelegentlich abwendet, um sich ihr zuzuwenden.* Klingt wie Philo …«

Clara lächelt.

»Findest du nicht auch, dass es guttut?«

»Ich weiß nicht … Kummer, Sorgen, Freuden, ich muss erst mal darüber nachdenken«, sagt Mathilde und lächelt.

Sie gibt Clara das Buch zurück, dann sind sie beide einen Moment lang still. Clara betrachtet die Fassade des gegenüberliegenden Gebäudes, vor allem den Schornstein ganz oben auf dem Dach, den die gerade hinter den Wolken hervorgekommene Sonne glühend gelb färbt.

»Komm.«

Mathilde steht auf und streckt Clara die Hand hin.

»Ich entführe dich.«

»Wohin?«

»Sag ich nicht.«

Clara rappelt sich ebenfalls auf.

»Um sechs hab ich eine Lesung.«

»Bis dahin bist du wieder zurück.«

»Und ich muss den Verkäufer von gegenüber fragen, ob er auf meine Sachen aufpasst.«

Sie fragt den Verkäufer von gegenüber, ob er einen Blick auf ihre Sachen haben kann, dann gehen die beiden Frauen gemeinsam die Straße hinunter. Fast wie Schwestern.

Bislang hatte sie den Nordhafen immer nur von Weitem gesehen. Es ist eine spektakuläre Industriebrache, eine Ruinenlandschaft, Baracken mit kaputten Glasdächern und Tümpeln, deren grünliches Wasser garantiert giftig ist. Stahlkräne und Brücken ragen wie Skelette in den Himmel, das Quietschen von rostigen Seilrollen im Wind klingt wie Schreie. Inmitten dieses Albtraums hat sich ein Künstlerkollektiv in einer alten Lagerhalle eingerichtet. Drinnen stehen ein altes Saloon-Piano, ein rollbarer Kleiderständer mit Kostümen, eine Kiste mit Artischocken, von der Decke baumelt ein Fahrrad, und dann gibt es noch eine Sammlung von Türen in allen verschiedenen Farben, die als Deko dienen. Aber an diesem Nachmittag ist die Lagerhalle verlassen, das Leben spielt sich draußen ab, auf der großen Holzterrasse vor dem Eingang. Dort, inmitten eines Durcheinanders aus Tischen und Bänken, zupft jemand ein paar Akkorde auf einer Gitarre, ein paar andere unterhalten sich und drücken dabei ihre Zigaretten in einem kleinen Aschenbecher aus Stahl aus, wieder andere denken nach, ganz allein in einer Ecke, die Arme um die angezogenen Beine geschlungen, den Blick auf die Saône gerichtet, die nur ein paar Meter weiter fließt. Für Clara ist es eine Offenbarung. Man kann so leben, es gibt diese Möglichkeit, man muss nicht Tag für Tag fremden Frauen die Haare schneiden, föhnen und färben, mit denen man unter anderen Umständen nichts zu tun hätte.

»Das ist Clara«, ruft Mathilde in die Menge. »Clara liest Proust, Rue des Tonneliers.«

Die Gitarre verstummt, die Köpfe heben sich, drehen sich zu ihr, ein »Hallo, Clara« ertönt. Als sie die Hand zum Gruß hebt, entdeckt sie ein bekanntes Gesicht. Der Musiker von heute Morgen. Er ist da, direkt vor ihr, als wäre alles geplant gewesen. Er hat den nackten Fuß auf die Bank gestellt und rollt sich gerade eine Zigarette. Auf seinem Gesicht das gleiche Lächeln wie heute Morgen, Rue Saint-Georges. Er ist groß, fast dürr.

Mathilde fragt Clara, was sie trinken wolle. »Ein Bier«, sagt Clara, bevor sie den Blick des Musikers sucht, der auf den Platz ihm gegenüber deutet. Die Gitarre setzt wieder ein. Das Wetter ist schön. Die Saône schillert im Sonnenlicht wie ein Opal.

Zweiter Tag (Donnerstag)

Letzte Nacht hat sie höchstens vierzig Minuten geschlafen, trotzdem ist sie kein bisschen müde. Seit einer Stunde sitzt sie in der Rue des Tonneliers und spricht sympathisch aussehende Passanten an. »Madame, kennen Sie Proust?« Oder: »Irgendetwas sagt mir, dass Sie Marcel Proust mögen.« Und als niemand mehr kommt, macht sie das Gleiche in der Rue aux Fèvres. »Wenn ich *Auf dem Weg zu Swann* sage, woran denken Sie da?« Die Leute gehen bereitwillig auf ihr Spiel ein – es ist Sommer, die Sonne scheint, sie ist jung und schön.

Gestern Abend im Nordhafen haben Mathilde und die anderen ihr erklärt, dass sie ihr Publikum abholen muss. »Du musst sie am Nacken packen, wie eine Katzenmutter ihre Jungen.« Vor allem bei dem, was sie macht. Außer ein paar erklärten Proust-Fans setzt sich niemand auf einen Teppich, um sich eine Lesung mit dem Titel *Die Zugreise und das Mädchen mit dem Milchkaffee* anzuhören. Man muss ihnen schon auf die Nase binden, wie schön Prousts Prosa ist, was für ein Hochgenuss seine Texte sind, wie stolz sie sein werden, wenn sie später die Namen Swann,

Charlus oder Guermantes hören und damit etwas anfangen können.

Und es kommt gar nicht infrage, zwischen den Lesungen auf ihrem Hocker sitzen zu bleiben und Schornsteine anzustarren oder mit dem Verkäufer von gegenüber zu quatschen. Nein, sie muss Werbung machen. Flyer verteilen zum Beispiel. Bei Top Office hat sie fünfhundert Kopien von Patricks Poster bestellt, im Postkartenformat.

All diese Dinge gehen ihr mit erstaunlicher Leichtigkeit von der Hand, sie empfindet eine bislang ungekannte, zarte Freude daran, mit den Leuten ins Gespräch zu kommen. Die kurzen Nächte beflügeln sie, in ihr brennt ein Feuer, das jede Angst zunichtemacht. Der gestrige Abend trägt sie, die Leute, die sie kennengelernt hat, ihre Kreativität. Und ihre spontane Lesung auf der Terrasse der Lagerhalle, kurz nach Mitternacht, beim flackernden Licht der Kerzen auf den Eckpfosten. Sie hat eine ihrer Lieblingsstellen gelesen, eine der lustigsten und zugleich grausamsten Stellen im Buch: Die Guermantes sind auf dem Weg zu einer ihrer Feiern, und obwohl Swann ihnen gerade mitgeteilt hat, dass er an einer tödlichen Krankheit leidet, interessieren sie sich kaum für ihn. »*Sie sind stabil wie der Pont Neuf. Sie werden uns noch alle begraben.*« Und dann natürlich der Moment mit Paolo, dem schönen Musiker, dem Hang-Spieler. Sie haben lange geredet, unter dem Glasdach der Lagerhalle, in einem Winkel, der ein bisschen an eine Bootskabine erinnert, bevor beim ersten Licht des Tages aus den Worten Berührungen geworden sind.

Ihre Werbekampagne zahlt sich aus. Acht Personen – eine echte Menschenmenge – kommen zu ihrer Lesung um elf. Man muss dazusagen, dass sie den Tag mit der berühmten Madeleine-Szene beginnt.

»*Und im gleichen Augenblick, in dem dieser Schluck, mit den Krümeln des Kuchens vermischt, meinen Gaumen berührte, fuhr ich zusammen, gebannt durch das Außergewöhnliche, das sich in mir vollzog.*«

Zwanzig Minuten pures Glück, nach denen Applaus durch die Rue des Tonneliers brandet.

Um fünfzehn Uhr sind es dann wieder weniger Zuhörer – zu Beginn der Lesung fünf und am Ende sechs –, was aber absehbar war. Nach dem Mittagessen werden die Straßen erst einmal leerer, bevor sie sich gegen Abend wieder füllen, außerdem ist die Stelle, die sie gelesen hat, nicht so bekannt wie die mit der Madeleine. Doch für Clara ist diese Stelle, an der Odette, als sie in der Avenue du Bois auftaucht, mit einer Blüte verglichen wird, von ähnlichem Zauber.

»*Dann plötzlich erschien, auf dem Sand der Allee, verspätet, zögernd und üppig wie die schönste Blume und wie eine, die sich erst zu Mittag öffnet, Madame Swann, eine täglich andere Toilette um sich erblühen lassend, die ich vor allem als malvenfarben erinnere …*«

Als sie den Kopf hebt, sieht sie, dass jemand sie beim Lesen filmt. Flimmernde Freude, wie sie sie an diesem magischen Tag noch öfter spüren sollte. Eine Passantin, die zu ihr sagt: »Um Proust auf der Straße zu lesen, dafür braucht man wirklich Eier.« Flanders, der vorbeikommt und ihr erzählt, dass er vor der Mittagspause zwei Exemplare von *Auf dem Weg zu Swann* verkauft hat. »Mit Ihren Lesungen kurbeln Sie noch die Verkaufszahlen an!«

Und dann, später, ein weiteres Geschenk, eine weitere Belohnung: Unter dem knappen Dutzend Menschen, die zur Achtzehn-Uhr-Lesung mit dem Titel *Wie Erinnerungen funktionieren* kommen, sind auch Madame Habib, Patrick und Nolwenn. Jacqueline genauso schick, als würde sie einer Aufnahme in die Ehrenlegion im Élysée-Palast beiwohnen, Patrick in einem schwarzen T-Shirt mit der Aufschrift *I'd rather be dead* und Nolwenn, die schüchtern die Hand hebt, um ihr zuzuwinken. Sie merkt, wie sich die Emotionen einen Weg an die Oberfläche bahnen, unterdrückt sie aber, solange sie noch liest.

»Der beste Teil unseres Gedächtnisses liegt damit außerhalb von uns selbst. Er liegt in einem regnerischen Windstoß, im Duft eines ungelüfteten Zimmers oder eines soeben entzündeten Feuers, überall da, wo wir das von uns wiederfinden, was der Verstand verschmäht hatte …«

Danach treffen sie sich zu viert.

»Ich hab nicht alles verstanden, aber du liest echt gut, als hättest du das schon immer gemacht.« (Nolwenn)

»Du bist halt einfach *the best*. Jemand Lust auf ein Bierchen?« (Patrick)

»Was genau haben Sie denn nicht verstanden?« (Madame Habib zu Nolwenn)

»Nichts. Beziehungsweise alles. Ich finde, es ist ganz schön kompliziert geschrieben.« (Nolwenn)

»Eigentlich ist es ganz einfach. Proust erklärt, dass vor allem die Details, die wir uns eingeprägt haben, ohne es zu merken, wie zum Beispiel der Geruch eines Zimmers oder der nach Holzfeuer, unsere Erinnerungen wecken.« (Madame Habib)

»Echt niemand ein Bierchen?« (Patrick)

Sie sitzen auf der Terrasse eines Cafés, Rue Saint Vincent. Die Sonne steht so, dass der Schatten ihre Gesichter in zwei Hälften teilt. Madame Habib, mit einem Americano in der Hand, wirkt sichtlich entspannt, sie erzählt von ihren Eltern, was noch nie vorgekommen ist. Ihren Vater kennt sie nicht, sie ist bei ihrer Mutter und ihren Tanten aufgewachsen, und Clara geht auf, dass Jacquelines Angst vor dem Verlassenwerden nicht die Angst einer Erwachsenen, sondern die eines kleinen Mädchens ist, das miterlebt hat, wie alle Frauen um sie herum alleingelassen wurden. Patrick hört aufmerksam zu und raucht seine Zigarette, an der er eine halbe Ewigkeit lang gedreht hat. Nolwenn scheint mit den Gedanken woanders, sie beobachtet die Leute, die auf der Straße vorbeigehen. Dann überrascht sie sie alle mit den Worten: »Ich muss euch was sagen.«

An den zwei kleinen Tischen herrscht auf einmal absolute Stille, alle machen sich auf ein Drama gefasst.

»Ich hab meinen Führerschein«, sagt Nolwenn genauso emotionslos, als hätte sie ihnen die Uhrzeit mitgeteilt.

»Echt jetzt?«, fragt Patrick.

Nolwenn nickt.

»Ich hab alles noch mal gemacht, ohne es euch zu sagen, weil ich dachte, dass ich eh wieder durchfalle. Aber ich hab's geschafft.«

»Das gibt's ja nicht«, sagt Madame Habib. Gerührt und gelöst von ihrem Kaffee dreht sie sich zu ihrer Angestellten und schließt sie in die Arme. »Ich bin stolz auf Sie, Nolwenn.«

Clara hebt ihr Glas.

»Bravo«, sagt sie lächelnd zu Nolwenn, bevor ihr Blick von einem langen, braunhaarigen Typen angezogen wird, der auf ihren Tisch zukommt und sie auf den Nacken küsst.

Paolo gesellt sich zu ihnen, Paolo mit seinen schönen, schweren Lidern, seiner Ungezwungenheit und seinem Miniatur-Ufo. Paolo, der Clara heute morgen mit *Águas de Março* geweckt hat und mit dem Zeigefinger die Konturen ihres Gesichts nachgefahren ist. »*É o pau, é a pedra, é o fim do caminho …*« Er spricht über das schöne Wetter, das kommende Wochenende und über ein verrücktes Mädchen, das ihm beim Spielen ins Ohr geflüstert hat: »Dich würde ich auf der Stelle heiraten.« Clara hört ihm zu und beobachtet dabei die anderen. Es ist wirklich bescheuert, aber sie muss sich schon die ganze Zeit anstrengen, nicht in Tränen auszubrechen, vielleicht deshalb, weil dieser Tag so wunderschön ist, weil er nie wiederkommen wird und weil er, während sie darüber spricht, eigentlich schon vorbei ist.

vier
_____

Epilog

Love is in the hair

Eigentlich hatten sie vorgehabt, vom Bahnhof direkt zum Hotel zu gehen, aber dann hatte Isabella unbedingt den Friseursalon sehen wollen, in dem ihre Mutter früher gearbeitet hat. Diese Geschichte hat sie schon immer fasziniert, und als Kind hat sie allen davon erzählt, ob sie es hören wollten oder nicht. »Mama war früher mal Friseurin.« Heute wissen die meisten Leute, die Clara ein bisschen kennen, dass sie zuerst einen anderen Beruf hatte, und ihre Tochter, die mittlerweile kein Kind mehr ist, spricht weniger davon. Trotzdem will sie den Salon sehen – oder den Ort, wo er einmal war, falls es ihn nicht mehr gibt.

Es ist ein kühler, aber freundlicher Septembermorgen. Vor zwölf muss Clara nicht im Theater sein, sie hat noch zwei Stunden und insgeheim die gleiche Idee gehabt wie Isabella. Sie ist seitdem nicht mehr nach Chalon gekommen, die Gelegenheit hat sich nie ergeben. Ihre Eltern wohnen im Morvan, ihre Schwester in Louhans, und ihre Freundin Anaïs ist nach Lissabon gezogen. Erst die Vorstellung heute Abend hat sie nach all den Jahren wieder zurückgebracht.

Sie ruft im Hotel an, um Bescheid zu geben, dass sie nicht auf sie warten sollen, dann geht sie mit ihrer Tochter den

Boulevard de la République hinunter. Ganz am Ende biegen sie links ab, Richtung Citadelle. Irgendwo hier muss der Salon gewesen sein. Isabella, die an das Pariser Gewimmel gewöhnt ist, reagiert genauso wie jedes Mal, wenn sie der Stadt für eine Weile entkommt. Sie findet alles bezaubernd, charmant, sie ist noch keine zehn Minuten hier und spricht schon davon, nach dem Abi eine Zeit lang hier zu leben. Auch Clara beobachtet die Stadt aufmerksam und stellt fest, dass sich kaum etwas verändert hat. Ein paar Läden haben gewechselt. In der Rue Général Leclerc hat eine Fnac-Filiale aufgemacht, und man könnte meinen, dass die Leute in Chalon sich nur noch von Döner ernähren. Aber das Wesen der Stadt scheint unverändert – Clara hat in ihr schon immer eine Widerstandskämpferin gesehen, eine Widerstandskämpferin auf verlorenem Posten, die Hässlichkeit und Gier unerbittlich die Stirn bietet.

In der Avenue de Paris fällt ihr Blick auf ein Plakat vom letzten Straßenfest, *Chalon dans la rue,* eine Zeichnung à la Jean-Marc Reiser, die für ein Theaterstück wirbt. Das Plakat weckt die Erinnerungen in ihr wie der Refrain eines Liedes, das man nach langer Zeit zum ersten Mal hört. Alles ist wieder da, der Hocker aus Korbgeflecht, die Teppiche, die sie und Anaïs in die Rue des Tonneliers gebracht haben, Patricks Plakat, das sie mit Tesafilm an das Durchfahrt-verboten-Schild geklebt hat, und ihr wird klar, dass ihre Tochter von dieser Zeit im Leben ihrer Mutter so gut wie nichts weiß – nichts von Claras plötzlicher Leidenschaft für Proust, von der Bedeutung, die seine Bücher für sie bekommen haben, wie sie ihre kleine Welt auf den Kopf gestellt und sie in die der Kunst und der Künstler eingeführt haben, die einzige Welt, in der sie letztendlich glücklich werden konnte. Sie sollte ihr davon erzählen, von diesen verrückten Monaten, in denen Clara das Gefühl hatte, immer schneller zu rennen, Anlauf zu nehmen, um so weit wie möglich zu springen. Wie soll ihre Tochter sonst verstehen, warum ihre Mutter sich der Aufgabe verschrieben hat, den großen literarischen Texten Gehör zu verschaffen, ihrem Publikum Abend für Abend das gleiche Entzücken zu entlocken, das sie beim Lesen der *Suche* gespürt hat?

Immerhin ist es eine inspirierende Geschichte. Nicht viele haben den Mut, sich noch einmal neu zu erfinden. Für gewöhnlich nehmen wir die Realität, die wir als Erstes kennenlernen, für bare Münze, wir hinterfragen sie nicht, warum auch, es ist einfacher, bequemer, auch wenn das bedeutet, dass wir das unvollkommene, unerfüllende Leben von jemandem leben, der wir eigentlich gar nicht sind. Viele Überzeugungen hat sie nicht, immer weniger, um ehrlich zu sein, aber eines hat sie gelernt: Man ist sich nie bewusst, wie sehr das eigene Leben von den anderen beeinflusst wird.

An der Place de la Libération bleiben sie kurz stehen, damit Clara sich orientieren kann. Die Apotheke an der Ecke ist neu, früher war dort ein Café, das Café einer wasserstoffblonden Frau, die morgens schon vor der Salontür stand, bevor sie überhaupt geöffnet hatten. Wie hieß sie noch gleich?

»Der Salon war in dieser Gasse hier«, sagt Clara und zeigt mit dem Finger in eine Richtung. »Auf der linken Seite.«

Isabella hebt eine Augenbraue – das hat sie von ihrem Vater.

»Komische Lage für einen Friseursalon. Nicht gerade verkaufsorientiert.«

»Stimmt, ein bisschen komisch war das schon, dieser kleine, unscheinbare Salon, vor allem weil es auf dem Platz genug andere Friseure gab. Unser Laden lag nicht nur in der Gasse, sondern auch noch ein bisschen zurückgesetzt, man hat ihn fast nicht gesehen. Eine besonders gute Geschäftsfrau war meine Chefin nicht.«

»Weißt du, was aus ihr geworden ist?«

Clara denkt an den Anruf ihrer Mutter, vielleicht zwei oder drei Jahre, nachdem sie aus Chalon weggegangen war. Annick hatte in der Lokalzeitung gelesen, dass eine Frau bei einem Unfall auf der Straße nach Tournus ums Leben gekommen war, weil sie am Steuer ihres Mayfair telefoniert hatte. »Madame Habib, war das nicht der Name deiner Chefin?«

Sie bereitet sich innerlich darauf vor, ihrer Tochter die schlechte Nachricht zu überbringen, hat jedoch keine Gelegenheit dazu. Isabella hat die Nische in der Gasse entdeckt und ist vorausgeeilt, um zu sehen, ob der Salon noch da ist. Sie bleibt stehen. Clara fragt sich, was ihre Tochter sieht.

Es ist noch immer ein Friseursalon, mit der gleichen Glastür links und dem Schaufenster rechts daneben, durch das man den ganzen Salon sehen kann. Aber der Laden heißt jetzt *Love is in the hair*, er ist blassgrün gestrichen, minimalistisch eingerichtet, und der Verkaufstisch ist verschwunden. Natürlich wird auch das Personal gewechselt haben. Eine einzige Friseurin, vermutlich die neue Chefin, sitzt halb auf einem Stuhl hinter einem Jugendlichen, dem sie gerade den Nacken rasiert. Sie ist um die vierzig, kräftig, mit kurzen Haaren. Clara glaubt, sie wiederzuerkennen. Ja, sie ist es, es ist Nolwenn, sechzehn Jahre älter. Nolwenn muss gespürt haben, dass jemand draußen vor dem Laden steht, denn jetzt dreht sie den Kopf. Kurz sieht sie Clara direkt ins Gesicht, dann wieder weg. Sie hat sie nicht erkannt. Nolwenn drückt sich die Brille fester auf die Nase und sagt etwas zu dem Jugendlichen, der ihr mit einem Lächeln antwortet. Und während Clara noch denkt, dass es vielleicht gut so ist, dass manche Erinnerungen Erinnerungen bleiben können, dreht Nolwenn den Kopf wieder in ihre Richtung, langsamer dieses Mal. Diese Frau da auf der anderen Seite des Schaufensters, die kommt ihr bekannt vor.

Danksagung

An den Centre national du livre der Region Bourgogne-Franche-Comté, der mit einem Stipendium zur Entstehung dieses Buches beigetragen hat.

Und an Emmanuel Delorme, Pascaline Fornot, Gabrielle Lécrivain, Frédéric Le Roux, Aurore Mamet, Laurent Mauvignier, Jean-Noël Pancrazi, Quentin Piters, Maud Simonnot, Laurence Torzo, Michaël Uras und Claude Vercey für die überaus wertvolle Hilfe.

Inhaltsverzeichnis

Quellenverzeichnis

Deutsche Übersetzungen der Proust-Zitate nach: Marcel Proust: *Auf der Suche nach der verlorenen Zeit. Gesamtausgabe.* Aus dem Französischen von Bernd-Jürgen Fischer. Reclam 2017, eBook.

Songtexte wurden aus folgenden Quellen zitiert:
Cyndi Lauper: True Colors. In: True Colors. Portrait Records 1986.
Bibie: Tout doucement. Single. CBS 1985.
Roch Voisine: Avant de partir. In: Hélène. BMG 1989.
Queen: Don't stop me now. In: Jazz. EMI Records 1978
Tom Jobim: Águas de Março. Single. Philips 1972.

Das Zitat von Virginia Woolf wurde aus folgender Quelle zitiert:
Virginia Woolf: Gesammelte Werke. Tagebücher 4. Herausgegeben von Klaus Reichert. Deutsch von Maria Bosse-Sporleder. S. Fischer, 2003, S. 282.